保育士資格取得 特例教科目テキストシリーズ

子ども家庭支援論

「子ども家庭支援論」編集委員会 編

みらい

■執筆者一覧 (五十音順)

氏名	所属	担当
赤瀬川 修（あかせがわ おさむ）	鹿児島女子短期大学	第3章1節
石動 瑞代（いするぎ みずよ）	富山短期大学	第3章2節
上田 衛（うえだ まもる）	元鶴見大学短期大学部	第3章5節
小口 将典（おぐち まさのり）	関西福祉科学大学	第2章1～4節、第4章1節
櫻井奈津子（さくらい なつこ）	元和泉短期大学	第4章3節
佐々木勝一（ささき しょういち）	神戸女子大学	第5章
佐藤ちひろ（さとう ちひろ）	白鷗大学	第4章5節
髙井由起子（たかい ゆきこ）	関西学院大学	第2章5節
千葉千恵美（ちば ちえみ）	高崎健康福祉大学	第3章3節
土永 葉子（つちなが ようこ）	帝京平成大学	第3章4節
中西 遍彦（なかにし ゆきひこ）	修文大学短期大学部	第4章2節
八田 清果（はった さやか）	埼玉東萌短期大学	第1章1節
平田美智子（ひらた みちこ）	元文教大学	第1章2節
吉岡 洋子（よしおか ようこ）	元頌栄短期大学	第4章4節
吉田 幸恵（よしだ ゆきえ）	至学館大学	第1章3節

はじめに

　平成24年に成立した「就学前の子どもに関する教育、保育等の総合的な提供の推進に関する法律の一部を改正する法律」（改正認定こども園法）により、新たな「幼保連携型認定こども園」が創設され、同時に幼稚園教諭免許と保育士資格の両方を有する「保育教諭」が位置づけられた。

　これに伴い、幼保連携型認定こども園の職員配置の経過措置として、改正認定こども園法の施行後5年間は、幼稚園教諭免許、または保育士資格のいずれかを有していれば保育教諭として勤務できることとなったが、この間にもう一方の免許・資格を取得する必要がある。

　国は、この経過措置期間中に幼稚園教諭免許を有する者における保育士資格取得を促進するために、「保育士資格の取得に必要な単位数の特例」（特例教科目）を設けて、以下の4教科目8単位を履修することにより、保育士資格を取得できる制度を実施することとなった。なお、2019年度に保育士養成課程カリキュラムの改正にともない、一部科目が変更されている。

　①福祉と養護（講義・2単位）
　②子ども家庭支援論（講義・2単位）
　③保健と食と栄養（講義・2単位）
　④乳児保育（演習・2単位）

　このうち、①〜③の3教科目は、この特例制度のために特別に位置づけられた教科目であり、本来の保育士資格取得に必要ないくつかの科目を合わせた内容で構成されている。

　②の「子ども家庭支援論」の特例教科目は、保育士資格取得に必要な「子ども家庭支援論」「子育て支援」の2教科から、特に幼稚園教諭としての勤務経験等を考慮して、「子ども家庭支援の意義・役割」や「多様な支援の展開と関係機関との連携」「保育士による子ども家庭支援の基本」など、幼稚園等の勤務経験では得られない内容を中心にシラバスが示されている。

　本書は、「子ども家庭支援論」に対応したテキストとして、シラバスに示された幅広い内容を網羅しつつコンパクトにまとめ、2単位という限られた学びの時間のなかで通学、集中講義、通信教育などの履修形態を選ばず効率的に学習できるよう編集した。

　本書での学びが保育教諭としての実践に活かしていただければ幸いである。

平成31年3月

「子ども家庭支援論」編集委員会　一同

目　次

はじめに

第1章　子ども家庭支援の意義と役割

1.「家族」と「家庭」 …………………………………………………………………8
(1)　「家族」とは何か　／8
(2)　家族の形態　／8
(3)　家族の変化　／9
(4)　家族形態の変化の影響　／9
(5)　「家庭」とは何か　／10
(6)　家庭の機能　／10
(7)　家庭の機能の変化　／11
(8)　家族観・家庭観　／12

2. 保育の専門性を活かした子ども家庭支援とその意義 …………………………14
(1)　保育士が子ども家庭支援を行う理由　／14
(2)　保育士が子ども家庭支援を行う際の原則（全国保育士会倫理綱領）　／15

3. 子育て家庭に対する支援のための社会資源と施策 ……………………………17
(1)　わが国の子育て支援施策の特徴　／17
(2)　子育て家庭を支える社会資源　／19
(3)　子ども・子育て支援新制度の事業　／21
(4)　健全育成施策　／24
(5)　母子保健　／26
(6)　社会的養護　／26
(7)　経済的支援　／27

第2章　保育士による子ども家庭支援の基本

1. 保育士が行う子育て支援の特性 …………………………………………………29
(1)　子育て支援を学ぶにあたって　／29
(2)　求められる保育士による子育て支援　／29
(3)　保育の環境をとおして行われる、子育て支援の特性　／30
(4)　子育て支援における保育所の役割　／31

2. 子育て支援における基本的な視点 …………………………………………33
　(1) 子育て支援における6つの視点　／33
　(2) 保育所での支援内容と保護者とのかかわり　／35

3. 保育者の専門性を活かした子育て支援 ……………………………………35
　(1) 保育の特性　／35
　(2) 保育者の専門性にあたる6つの技術　／36
　(3) 子育て支援の技術　／36

4. 保護者の主体性を育てる子育て支援 ………………………………………38
　(1) 解決するのは「あなた自身である」という視点　／38
　(2) 保護者の「強さ」に着目する　／39
　(3) 問題を解決することに向けての動機づけ　／39

5. 保護者との信頼関係を築くかかわり方（ソーシャルワークの原則と倫理） ……41
　(1) ソーシャルワークの原則　／41
　(2) ソーシャルワークの専門性と倫理　／43

第3章　多様な支援の展開と関係機関との連携

1. 子ども家庭支援の内容と対象 ………………………………………………45
　(1) 親の子育てを支えるパートナー　／45
　(2) 通所・入所児童の親に対する子育て支援を行う専門職として　／45
　(3) 地域で子育てに取り組む親への支援を行う専門職として　／46
　(4) 地域で生じている子育て問題の代弁者として　／46

2. 保育所における家庭への支援 ………………………………………………47
　(1) 生活をとおした日常的なかかわり　／47
　(2) 育ちを支える継続的なかかわり　／48
　(3) 保育者と保護者の関係づくり　／50
　(4) 保護者同士の関係づくり　／51
　(5) 地域との連携　／52

3. 地域の子育て家庭への支援 …………………………………………………53
　(1) 親子遊びの教室　／53
　(2) 子育てミニレクチャー　／56
　(3) 保育所や幼稚園の園庭開放　／58

- 4. 子ども虐待のある家庭への支援 ……………………………………60
  - (1) 子ども虐待とは　／60
  - (2) 子ども虐待に関する法律　／61
  - (3) 子ども虐待の分類　／61
  - (4) 虐待されている子どもにみられる特徴　／62
  - (5) 保育者としての子ども虐待への対応　／62
- 5. 障害のある子どもの家庭への支援 ……………………………………65
  - (1) 障害児支援の発展　／65
  - (2) 保育所における障害児支援　／65
  - (3) 早期発見と早期療育に向けた支援　／66
  - (4) 発達障害のある子どもの家庭への支援　／66

第4章　保育士の行う子育て支援の展開

- 1. 支援の展開過程と支援の組み立て ……………………………………71
  - (1) 支援の展開過程　／71
  - (2) 生活の時間軸に沿った支援の組み立て　／73
- 2. 支援の計画 ……………………………………74
  - (1) 支援計画の必要性　／74
  - (2) 支援計画の意義と視点　／75
  - (3) 支援計画の作成方法　／76
  - (4) 支援内容と方法の決定　／77
  - (5) カンファレンス　／77
- 3. 支援の記録 ……………………………………78
  - (1) 記録の目的と意味　／78
  - (2) 記録の種類　／78
  - (3) 記録の書き方と取り扱いの注意点　／79
  - (4) 記述スタイル　／81
  - (5) 記述の基本　／81
  - (6) 記録者の価値観・自己覚知　／82

4. 支援の実施と評価 ……………………………………………………………83
- (1) 支援の実施とは ／83
- (2) 支援の評価とは ／83
- (3) 評価の意味 ／84
- (4) 評価の方法 ／84
- (5) 支援における評価の実際 ／85

5. 関係機関・専門職との連携 ……………………………………………………86
- (1) 連携の必要性 ／86
- (2) チームアプローチ ／88
- (3) ネットワーク ／88
- (4) 地域におけるソーシャル・サポート・ネットワークの実践 ／89

第5章 保育士の行う子育て支援の実際

1. 保育所において特別な対応を要する家庭への支援 ……………………91
2. 児童養護施設等要保護児童の家庭に対する支援 ……………………95
3. 障害児施設における家庭への支援 ………………………………………97
4. 母子生活支援施設での支援 ……………………………………………100

索引 ／102

第1章
子ども家庭支援の意義と役割

1　「家族」と「家庭」

(1)　「家族」とは何か

　家族とは一般的には、「夫婦とその血縁関係者を中心に構成され、共同生活の単位となる集団」（大辞泉）といわれることが多い。

　学術的には、家族を「夫婦・親子・きょうだいなど少数の近親者を主要な成員とし、成員相互の深い感情的包絡で結ばれた、第一次的な福祉追求の集団である」[1]と定義づけていることが多い。ここでいう「福祉追求」とは森岡清美によれば、「(1)保健欲求（病→健）、(2)経済的安定欲求（貧→富）、(3)情緒的反応欲求（争→和）の充足された状態（不安→平安、苦→楽）を追求すること」[2]である。

　つまり、家族は"人々の集団"であるといえる。また、これらのことから、家族はともに福祉追求をしていく集団ではあるが、「深い感情的包絡」（深い感情的な結びつき）があれば、一緒に生活をしなくても構わないといえる。確かに、「家族は誰ですか？」と聞かれた場合、多くの人は一緒に暮らしていなくても実家の親やきょうだい（別居家族）なども含めたりしないだろうか。

(2)　家族の形態

　家族の形態としては、「核家族」「拡大家族」等がある。「核家族」とは、"夫婦のみ""夫婦と子ども""ひとり親と子ども"の家族の形態をとるものである。また、「拡大家族」とは、直系家族[*1]や、複合家族[*2]を合わせたものである。

　なお、「世帯」が親族かどうかを問わず、「同居している（家計をともにしている）」という明確な境目があるのに対し、「家族」は同居しているかを問わず（大学に通うために下宿している子どもなど）、また親族についてもど

---

*1　**直系家族**
夫婦と、その長男夫婦から構成される家族。

*2　**複合家族**
夫婦と、その長男以外の子ども夫婦から構成される家族。

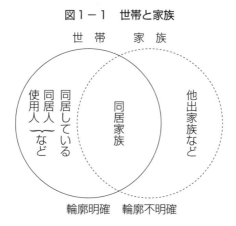

図1-1 世帯と家族

こまでを「家族」と呼ぶのかはっきりした定義はなく、その境目は不明確である（図1-1）。

(3) 家族の変化

戦後、日本の家族形態も大きく変化した。1960年代には、夫婦と子ども世帯と拡大家族で80％を占めていた。高度経済成長期に入ると"夫婦と子ども2人世帯"が「標準的な世帯」とされてきたが、近年では、同じくらい単独世帯も増えてきている。この数十年間で拡大家族は大幅に少なくなった。また、最近では、核家族のなかでも"夫婦と子ども世帯"が減り、"夫婦のみ世帯"や"ひとり親と子ども世帯"が増えてきている。

単独世帯のなかには、高齢者の単独世帯も含まれ、その数も増加傾向にある。このような家族形態の変化とともに、家族の構成員も少数化してきている。

こうした核家族化の背景には、産業化と「夫婦家族制の理念の浸透」[3]がある。つまり、「産業化は社会内分化を促進し、産業間の労働力移動を進展させることになる。労働力の地域間移動や世代間の職業移動によって親世代と子世代とは別居を余儀なくされる」[4]のである。それとともに、家族のあり方そのものも、古い慣習や制度としての家族に対して、夫婦間の愛情などによって結びついた新しい家族のあり方が浸透してきたからという見方もある。

(4) 家族形態の変化の影響

家族形態の変化の影響を特に、子どもの養育面からみてみたい。核家族化の進行に伴う問題点として、❶世代間の文化的継承の困難さ、❷社

会化過程における役割モデルの減少、❸家族内の情報構造にかかわる問題、❹離別家族の問題の4つが指摘される。

　❶の「世代間の文化的継承の困難さ」とは、「核家族では直系家族に比べて、祖父母から親へ、あるいは祖父母から孫への文化的伝達が難しく、日常生活のなかで培われた経験や技術も円滑に伝承されない。そのために、核家族では外部社会のもっている文化的要素への依存が強くなり、それだけ外部社会の影響をより強く蒙ることになる」[5]ということである。つまり、インターネットやテレビ、育児書などの影響を受けすぎてしまう可能性がある。そういった情報を信じすぎることによって、子育てがそのとおりにならない場合に、落ち込んでしまったり、うまくいかないことに対していら立ってしまうなどの育児不安に陥ることも考えられる。

(5)　「家庭」とは何か

　では、「家族」と「家庭」にはどのような違いがあるのか。一般的には家庭を「夫婦・親子などの関係にある者が生活をともにする、小さな集団。またはその生活する所」（大辞泉）と理解することが多い。

　学術的には、「家族が生活する場で、生活空間の広さ、人間関係（家族関係）の過程が生ずる雰囲気、感情の応答などが保持されていること、さらに新たな動きをもつ生活の拠点」[6]を家庭と定義づけている。これらのことから、「家族」が人の集団であるとするならば、「家庭」はそれらの人々が生活する場所・空間が重要となることが理解できる。

　つまり「家庭」とは、「家族」が生活する場所なのである。こうした家庭では、生活をする場所としてだけではなく、そのなかで社会性や生活文化を育て伝承する機能、安らぎや安全を感じられる機能、思いやりや倫理観を育てる機能も同時に存在するのである。しかしながら、今、こうした機能が家庭では低下しつつある。

(6)　家庭の機能

　社会学者のオグバーン（W. F. Ogburn）は、近代工業が発展する以前の家族には、「❶生産単位としての経済機能、❷メンバーを社会的に位置づける地位付与の機能、❸子どもに基礎的・専門的な知識や技術を伝え教育する機能、❹家族メンバーの生命・財産を守る保護機能、❺日常的な信仰活動を通じて家族メンバーの精神的安定と結束を図る宗教機能、❻家族全体の安ら

ぎを図るレクリエーション機能、❼家族メンバー同士の慈しみや思いやりといった愛情機能」[7]があるとした。

それでは、子どもの成長のために必要とされる家庭の機能にはどんなものがあるのか。おおよそ次のような機能が考えられる。

①子どもが成長することを保障される機能

　子どもが成長していくために衣食住を提供し、子どもの身の回りの世話をして、心身の成長を促すことである。そこには、子どもが成長するための環境を整えるという意味での家事（掃除や洗濯等）も含まれる。

②子どもの安全・安心を保障する機能

　子どもが家庭から一歩出た社会にはさまざまな困難が待ち構えている。事故等の危険だけではなく、学校へ行けば友だちとの関係や勉強等で辛い思いもするかもしれない。そうしたときに、家庭が社会にある危険や孤立から子どもを物的（居場所や避難場所）、精神的（あるがままに受け止めてくれる家族の存在）、肉体的（家にいれば危険はない）に保護し、安全を保障し、安心できる場所であることが求められる。

③子どもに生活文化を伝え、社会性を育てる機能

　子どもが社会に出て行くときのために、その国や地域の生活習慣（当然、言語の習得も含まれる）やモラル、一般常識、伝統行事、慣わし、人との付き合い方や礼儀、さらには人としての生き方などを伝えるとともに、社会の行動様式を身につけ、他者と適切なかかわりをもてるような社会性を育てることである。また、こうしたなかで、絶対に大切なこと、命の価値等、心の成長も育てることが求められる。こうしたことは、子どもにとって身近なおとなである家族をモデルとしながら学習していくものである。

(7) 家庭の機能の変化

　核家族化が進んだ現代では、上記のような家庭の機能が低下した家庭も増えてきている。家庭外でその機能を補完するような、つまりは「家庭機能の外部化」がみられるようになった。私たちが今、当たり前のように行っている、子どもが塾で勉強することや保育所での保育、外食、おかずを買う（中食）、クリーニングの活用なども家庭機能の外部化の一部といえる。

　しかしながら、家庭の機能の低下を補完するため設けられた社会的な制度やサービス、つまりは家庭機能の外部化が進むことで、より家庭機能の脆弱化が進んでしまうこともある。たとえば、介護保険制度の本来の目的は在宅でのケアを促進することであると思うが、現実的には施設入所へのハードル

が下がり、特別養護老人ホーム等への施設利用が増えている。結局のところ、高齢者を家庭から引き離していることになるだろう。そのことは、高齢者から若者への家庭内での生活文化の伝承といった機能を妨げることにもつながるのではないだろうか。家庭機能の外部化は、家庭の機能や役割そのものを大きく変えていくことにもなっている。

(8) 家族観・家庭観

1980年代まで、女性は家で家事・育児をし、男性は外で働くという性別役割分業が家族として当然という考え方が一般的であった。しかしながら、1990年代ごろから、女性の社会進出や男女共同参画の政策推進などにより、家族観・家庭観にも変化がみられるようになった。

内閣府「男女共同参画社会に関する世論調査」（平成21年10月調査）の結果報告をみると、「家庭生活等に関する意識」の項目において、表1－1のような結婚観・家庭観があることがわかる。

結婚観

意識調査からは、結婚そのものについては、個人の自由であるという人が多くいることから（70.0％）、結婚しなければならないという意識は薄いようである。しかしながら、実際に生涯未婚率をみると、2015（平成27）年で男性が23.4％、女性が14.1％であり、近年割合は上昇傾向にあるものの、全体からみると未婚者は少数であることがわかる。

表1－1　家庭生活等に関する意識

質問項目	賛成	反対
ア．結婚は個人の自由であるから、結婚してもしなくてもどちらでもよいか	70.0％ 男性：66.0％ 女性：73.4％	28.0％ 男性：31.4％ 女性：25.0％
イ．夫は外で働き、妻は家庭を守るべきか	41.3％ 男性：45.8％ 女性：37.3％	55.1％ 男性：51.1％ 女性：58.6％
ウ．結婚しても必ずしも子どもをもつ必要はないか	42.8％ 男性：38.7％ 女性：46.4％	52.9％ 男性：56.6％ 女性：49.7％
エ．結婚しても相手に満足できないときは離婚してもよいか	50.1％ 男性：45.9％ 女性：53.8％	44.8％ 男性：48.8％ 女性：41.3％

注：「賛成」の回答率は「賛成」「どちらかといえば賛成」の合計、「反対」の回答率は「反対」「どちらかといえば反対」の合計である。
出典：内閣府「男女共同参画社会に関する世論調査」（平成21年10月調査）より筆者作成

第1章　子ども家庭支援の意義と役割

性別役割分業意識

次に、「夫は外で働き、妻は家庭を守るべきか」といういわゆる性別役割分業的な考え方についてみると、若干反対が多いものの（55.1％）、41.3％の人は賛成している（「どちらかといえば賛成」を含む）。しかしながら、共働き世帯のほうが300万世帯近く多いことから、現実的には夫婦ともに働いていることがわかる。このことの背景には、賃金の減少等経済的理由も考えられる。

子どもがほしいかどうか

「結婚しても必ずしも子どもをもつ必要はないか」という質問では、賛成（子どもがいなくてもいいと考える）が42.8％、そうとは考えない（結婚したら子どもをもつべきだと考える）が52.9％であった。まだ結婚したら子どもをもつ必要があると考えている人が多いが、前述の夫婦のみ世帯の増加からもわかるように、夫婦になったからといって必ずしも子どもがいるとは限らないと考える人が半数近くになっていることがわかる。これは初婚年齢の上昇、いわゆる晩婚化等も子どもがいない背景のひとつと考えられる。

離婚観

「結婚しても相手に満足できないときは離婚してもよいか」いう質問では、半数（50.1％）が賛成であった。1950年代には8万件程度であった離婚件数が2000（平成12）年には26万件に達したことからも現実として起こり得ることとして認識されているのではないか。

以上のようなことから、現在の日本においての家族観・家庭観は、性別役割分業的な家族観・家庭観からは変化してきていると考えられる。また、こうした家族観・家庭観の変化は、事実婚（入籍しない形）、ひとり親、ステップファミリー（両方もしくは片方が、前の配偶者との子どもを連れて再婚した際の家族）などさまざまな家族形態からもわかる。

しかし、女性の社会進出が進んだ今でも、女性が家事育児を担う時間は男性に比べて圧倒的に長い。このことは、家族観・家庭観としては、変化があっても、実際には変化できていない現実もあるのではないかといえる。また、日本の社会保障や子育て支援、介護ニーズ等はまだまだ昔ながらの家族形態や家族観・家庭観で考えられている部分も多く、今後の課題といえるだろう。

2 保育の専門性を活かした子ども家庭支援とその意義

(1) 保育士が子ども家庭支援を行う理由

子どもと家族の姿

　子どもの養育はまず保護者が責任をもつが、少子化できょうだいが少なく、育児を身近に見たり、経験することなく親になることが一般的になっている。また、核家族で、育児を手伝ってくれる人も身近におらず、夫婦で協力して育児をする余裕もないのが現状である。このように、保護者にとって、育児の責任を親のみで負うことの重圧感は大きく、体力的にも精神的にも子育ての負担感が大きいことがわかってきた。

　こうした子育てに奮闘する保護者を支えようと、職場や近隣、保育所、幼稚園、社会福祉機関など社会全体で子育てを支援する体制が整えられてきている。特に、保育士は子どもの世話をする第一線におり、保護者からは頼られる存在である。しかし、保護者の子育てをすべて肩代わりすることは求められておらず、側面から支援するのが保育士の役割である。

児童福祉法における家庭支援

　保育士は、児童福祉法が2001（平成13）年に改正、2003（同15）年に施行されたことにより国家資格化された。同法では「保育士とは、（中略）保育士の名称を用いて、専門的知識及び技術をもって、児童の保育及び児童の保護者に対する保育に関する指導を行うことを業とする者をいう」（第18条の4）と定義されている。この「指導」という言葉は法律用語であり、通常の業務では保育の専門知識に基づく助言・支持・支援にあたる。つまり、保育士の業務は子どもの保育と保護者支援と明確に規定されており、保育士には保護者の子育てを支援することを義務づけている。

　ここでいう保護者とは、主に保育所に入所している子どもを養育している親を指すが、余裕があれば、専業主婦として家庭で子育てしている地域の親も支援の対象とするように期待されている。同じく児童福祉法では、「保育所は、当該保育所が主として利用される地域の住民に対してその行う保育に関し情報の提供を行い、並びにその行う保育に支障がない限りにおいて、乳児、幼児等の保育に関する相談に応じ、及び助言を行うよう努めなければならない」（第48条の4）と定めている。このように、保育所の保育士は、子育ての専門職として、地域のすべての子育て家庭の支援を行う役割が法律上

求められているのである。

保育所保育指針における家庭支援

　2018（平成30）年に改定された保育所保育指針においては、保育所の役割として、「保育所は、その目的を達成するために、保育に関する専門性を有する職員が、家庭との緊密な連携の下に、子どもの状況や発達過程を踏まえ、保育所における環境を通して、養護及び教育を一体的に行うことを特性としている」と規定され、保育所と家庭とのパートナーシップが重要であるとされている。

　さらに、「保育所は、入所する子どもを保育するとともに、家庭や地域の様々な社会資源との連携を図りながら、入所する子どもの保護者に対する支援及び地域の子育て家庭に対する支援等を行う役割を担うものである」とあり、地域の子育て家庭の支援という役割を強調している。

　このように、保育所保育指針においても、保育所はその機能や特性をふまえながら、「入所している子どもの保護者」と「入所していない地域の子育て家庭」への支援を行うように示されている。

(2)　保育士が子ども家庭支援を行う際の原則（全国保育士会倫理綱領）

　保育士が子どもの保育と子ども家庭支援を実際に行う際に、気をつけなければならないことは何であろうか。保育士の実践の拠り所は、表1－2に示されるように、全国保育士会倫理綱領（2003年）に掲げられている。そのなかでも、特に家庭支援に関連する項目は、「3．保護者との協力」「4．プライバシーの保護」「6．利用者の代弁」「7．地域の子育て支援」である。

　以前は、保育所の役割は「家庭の補完」といわれたが、現代では保育所と家庭がパートナーシップを組んで協力して子育てをしていくという方向に変化している。日常子どもや保護者と接する保育士には、それぞれの家庭の状況を把握し、保護者の子育てのニーズを明らかにし、必要な場合はそれを代弁する役割がある。その際、特に留意すべきことは、利用者のプライバシーの保護であり、保育の業務をとおして知り得た個人の情報を守ることである。このプライバシーの保護は、担当の保育士がその保育所を退職した後においても、引き続き保障されるべきことである。児童福祉法にも、「保育士は、正当な理由がなく、その業務に関して知り得た人の秘密を漏らしてはならない。保育士でなくなつた後においても、同様とする」（18条の22）と明記されており、違反した場合の罰則（61条の2）も規定されている。例外として、児童虐待が疑われるような場合は、子どもの安全を守るため、正当な理由に

相当するので、速やかに関係機関に情報提供する義務がある。
　地域の子育て支援に関して、保育士は子どもと保護者に携わる専門家として、率先して地域の関係機関とネットワークを結び、地域の子育て力を向上させるように努めるべきである。それには、保育士が地域の子育て家庭のニーズをくみ取り、それを保育所内や保護者、関係機関と共有し、協力して問題解決にあたる必要がある。

表1-2　全国保育士会倫理綱領

（前　文）
　すべての子どもは、豊かな愛情のなかで心身ともに健やかに育てられ、自ら伸びていく無限の可能性を持っています。
　私たちは、子どもが現在（いま）を幸せに生活し、未来（あす）を生きる力を育てる保育の仕事に誇りと責任をもって、自らの人間性と専門性の向上に努め、一人ひとりの子どもを心から尊重し、次のことを行います。
　私たちは、子どもの育ちを支えます。
　私たちは、保護者の子育てを支えます。
　私たちは、子どもと子育てにやさしい社会をつくります。
（子どもの最善の利益の尊重）
１．私たちは、一人ひとりの子どもの最善の利益を第一に考え、保育を通してその福祉を積極的に増進するよう努めます。
（子どもの発達保障）
２．私たちは、養護と教育が一体となった保育を通して、一人ひとりの子どもが心身ともに健康、安全で情緒の安定した生活ができる環境を用意し、生きる喜びと力を育むことを基本として、その健やかな育ちを支えます。
（保護者との協力）
３．私たちは、子どもと保護者のおかれた状況や意向を受けとめ、保護者とより良い協力関係を築きながら、子どもの育ちや子育てを支えます。
（プライバシーの保護）
４．私たちは、一人ひとりのプライバシーを保護するため、保育を通して知り得た個人の情報や秘密を守ります。
（チームワークと自己評価）
５．私たちは、職場におけるチームワークや、関係する他の専門機関との連携を大切にします。また、自らの行う保育について、常に子どもの視点に立って自己評価を行い、保育の質の向上を図ります。
（利用者の代弁）
６．私たちは、日々の保育や子育て支援の活動を通して子どものニーズを受けとめ、子どもの立場に立ってそれを代弁します。また、子育てをしているすべての保護者のニーズを受けとめ、それを代弁していくことも重要な役割と考え、行動します。
（地域の子育て支援）
７．私たちは、地域の人々や関係機関とともに子育てを支援し、そのネットワークにより、地域で子どもを育てる環境づくりに努めます。
（専門職としての責務）
８．私たちは、研修や自己研鑽を通して、常に自らの人間性と専門性の向上に努め、専門職としての責務を果たします。

3　子育て家庭に対する支援のための社会資源と施策

(1)　わが国の子育て支援施策の特徴

　家庭での子育てを支援する施策について、わが国では通常「子育て支援施策」と呼ぶ。わが国の最初の子育て支援施策である1994（平成6）年の「今後の子育て支援のための施策の基本的方向について」（エンゼルプラン）は、1989（同元）年の「1.57ショック」をきっかけとし、出生率を上げることを主眼とした「少子化対策」として策定されたものである。

少子化対策の登場

　出生率の向上を目的とした「少子化対策」としての「子育て支援」は、少子高齢社会の進行とそれに伴う人口減少に対する政府の危機感のあらわれにほかならない。わが国は現在、少子高齢社会を迎え、今後急激な人口の減少が予想される。高齢化は、医療や介護、年金にかかる費用、すなわち社会保障費を増大させる。一方、少子化は、社会保障費の主な財源となる社会保険料や税金を支払う現役世代の人口減少を伴うので、増大する社会保障費用を十分に賄うことができず、社会保障制度を維持していくことを難しくさせる。つまり、少子高齢社会の到来で年金、介護、医療をはじめとしたわが国の社会保障制度の持続性が危機にさらされると考えられているのである。1989（平成元）年の「1.57ショック」は、少子高齢化の進行をわが国の政府にはっきりと突きつけたといえ、それがショック（衝撃）といわれるゆえんなのである。

少子化対策としての子育て支援施策

　「少子化対策」を意図した子育て支援施策は、結婚・出産・子育てという私的な営みに、政治的・経済的な効果を期待するものである。政策的意図のもとで少子化を解消するための人口問題対策を行うことは、戦前・戦中期に行われた「産めよ増やせよ」というスローガンによる極端な出産奨励策への回帰を連想させ、国民の拒否感や抵抗感を呼び起こすことが懸念される。そのため、政府は、「子どもを生むか生まないかは個人の選択に委ねられるべき事柄であるが、『子どもを持ちたい人が持てない状況』を解消し、安心して子どもを生み育てることができるような環境を整えること」（エンゼルプラン）という姿勢をとっている。

エンゼルプラン―社会的「子育て」という考え方へ―

　「エンゼルプラン」では、「子育てはとかく夫婦や家庭の問題ととられが

ちであるが、そのさまざまな制約要因を除外していくことは、国や地方自治体はもとより、企業・職場や地域社会の役割でもある。そうした観点から子育て支援社会の構築を目指すことが要請されている」と述べられている。少子化の進行を止めるという目的から導き出されたものではあるが、「エンゼルプラン」は、子育てについて従来の「育児は（母）親が家庭で行うべきもの」という考え方から、「子どもは社会全体で育てるもの」という考え方へと政府が転換したことを示している。一方、このことは、画期的であったと同時に、「子育て支援は親を甘やかす」という意見を呼び起こすなど、社会全体に波紋を広げたのである。

子育て支援施策の意義

　西欧諸国では、「家族政策」（Family Policy）と呼ばれる子育て支援が行われている。それは、児童手当制度のような経済支援策や育児休業制度のような仕事と育児・家庭の両立支援策を中心としており、子どもやその家族を社会全体で支援することを目的とした政策であるため、わが国の少子化対策とは一線を画するものである[8]。

　子育て支援施策の開始後、わが国では、「子どもは社会で育てるもの」という考え方と「子育て支援は親を甘やかす」という意見との間で揺らぎ続けているといえる。しかし、「子育て支援は親を甘やかす」という意識は、過度に強調された子育ての自己責任論といえる。このような意識は、子育て家庭の孤立化、貧困問題など保護者（親）の努力だけでは解決し得ない問題の存在を考慮していないため、「子どもを産み育てにくい」社会をより助長する可能性がある。また、「少子化対策」を目的とした「子育て支援施策」のあり方も問われている。子どもを産み育てやすい社会の実現は、少子化を食い止めることで実現するわけではなく、また、子どもを産むことは、国や社会のためでもない。つまり「少子化対策」を掲げる限り、「子育て支援施策」は、真に子どもや子育てを支援する施策とは言い難いのである。

子ども・子育てビジョン

　2010（平成22）年には、「子ども・子育てビジョン」が策定された。策定にあたっては、施策の利用者の意向調査や、「子ども・子育て応援プラン」に掲げられた数値目標の達成度をふまえながら検討された。このビジョンは、子どもと子育てを応援する社会に向けて「子どもが主人公（チルドレン・ファースト）」という理念のもとで、従来の「少子化対策」から「子ども・子育て支援」へと視点を移し、「生活と仕事と子育ての調和」をめざすことを示している。基本的な考え方としては、「社会全体で子どもを支える」「『希望』がかなえられる」を掲げ、「生命（いのち）と育ちを大切にする」「困っ

ている声に応える」「生活（くらし）を支える」という3つを子ども・子育て支援を実施する際の姿勢としている。

子ども・子育て支援新制度

「子ども・子育て支援新制度」は、2012（平成24）年に成立した「子ども・子育て関連3法」[*3]に基づく制度で、2015（同27）年度から本格施行されている。この制度の主な特徴は、「施設型給付」の創設により認定こども園・幼稚園・保育所の財政措置が一本化されたことと、従来より行われてきた種々の子育て支援事業を「地域子ども・子育て支援事業」として一括し、市町村が実施主体であると法的に位置づけたことである。

▼**今後の子育て支援施策―社会的子育てという考え方―**

2010（平成22）年に策定された「子ども・子育てビジョン」では、保護者（親）が子育てを担う〈個人に過重な負担〉の育児から、社会全体で子育てを支える〈個人の希望の実現〉としての育児へと転換し、子どもと子育てを応援する社会の実現を謳っている。また、「子ども・子育て新システム」の施行、それに伴う関連法の制定・改正など（図1－2）、現在さまざまな施策が進められている。これらは、従来の「少子化対策」からの脱却を図ろうとしている点でも新しいといえる。

現在、「子ども」という存在、そして「子育て」の責任をどのようにとらえるのかについて、成熟した国民的議論が必要とされている。西欧諸国のような「少子化対策」に限定しない「家族政策」への模索をはじめ、わが国の「子育て支援施策」は見直しが求められている。

[*3] 子ども・子育て関連3法
「子ども・子育て支援法」「就学前の子どもに関する教育、保育等の総合的な提供の推進に関する法律の一部を改正する法律」「子ども・子育て支援法及び就学前の子どもに関する教育、保育等の総合的な提供の推進に関する法律の一部を改正する法律の施行に伴う関係法律の整備等に関する法律」を指す。

(2) 子育て家庭を支える社会資源

現代社会における子育ては、地域社会が脆弱化し核家族化が進行しているため、家族や親戚、近隣住民による支援を望むことが難しくなっている。そこで、行政機関が提供する各種子育て支援サービスをはじめ、民間団体や個人が意識的・組織的に提供する支援が必要とされている。これら機関・団体・個人をまとめて社会資源と呼ぶが、児童相談所をはじめ高度な専門性を有する機関から、個人で実施しているボランティア活動まで社会資源はさまざまに存在する（表1－3）。

これら社会資源は、大きく専門機関と地域活動に分けられる。専門機関には公的な機関が多いが、地域活動には個人や大小さまざまな民間団体が含まれており、専門性や活動力にもばらつきがある。そこで、行政が主導となって地域活動の主体性や独自性を守りつつ支援・連携していくことが望まれる。

図1－2　子育て支援施策の経緯

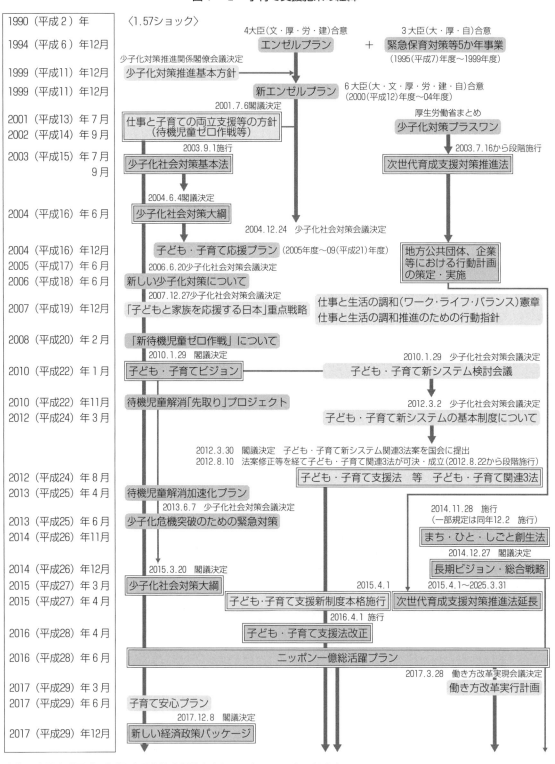

出典：内閣府『平成30年版 少子化社会対策白書』2018年　p.38を一部改変

表1−3　子育て家庭を支える社会資源一覧

種類		主なサービス	サービスを担う機関・団体・個人
専門機関	（公的機関）	相談支援サービス	児童相談所、福祉事務所（家庭児童相談室）、地域子育て支援センター
		母子保健サービス	保健所、市町村保健センター
		その他サービス	家庭裁判所、警察など
	（民間も含む機関）	保育・教育・療育サービス	保育所、児童館、その他の児童福祉施設、学校（幼稚園含む）など
		相談支援サービス	児童家庭支援センター
		その他サービス	病院など
地域活動		行政機関に委嘱された支援者による相談支援サービス	民生委員児童委員、主任児童委員、子育て支援員、母子保健推進員など
		民間団体による地域福祉サービス	社会福祉協議会
		当事者・支援者主体の団体・個人による各種サービス	NPO、ボランティア、子育てサークル、子ども会

　また、社会資源が多種多様にあるがゆえに、保護者にとっては「どこにどのような相談や支援を求めればよいのか」が判断しにくくなっている。そのため、各機関の役割や支援内容について保護者に情報提供していくことも行政の重要な役割となる。

　保育所並びに保育者に求められるのは、まず、これら社会資源が地域にどのように存在しているのかを把握し、各社会資源の役割や専門性を理解することである。そして、どのように専門機関や地域活動と連携を図っていくのが、子育て家庭を支援するうえで効果的なのかを考えて連携を実施していくことが求められる。

(3) 子ども・子育て支援新制度の事業

　少子化対策は、当初の働く女性を応援する保育サービスの拡充に重点を置いたものから、子育てをするすべての家庭への支援を含む幅広い子ども・子育て支援サービスへと発展してきた。

　2010（平成22）年、少子化社会対策会議では「子ども・子育て新システムに関する基本計画」が決定され、2012（同24）年、「子ども・子育て支援法」等の3法案が成立し、2015（同27）年4月1日から「子ども・子育て支援新制度」（以下、「新制度」）が実施された。

新制度の主な取り組みは、小学校就学前の学校教育と保育の充実をめざし給付を行うこと、「認定こども園」の改善をはじめ、保育の量的拡大・確保、教育・保育の質的改善、地域子育て支援拠点や放課後児童クラブ等、「地域子ども・子育て支援事業」を充実していくこと等であった。
　新制度が始まり、市町村は地域の子育て家庭の状況や、子育て支援へのニーズを把握し、さまざまな施設・事業などの支援メニューのなかから、地域のニーズに合ったものを選択し、計画し、実施していくこととなった。
　以下に、新制度の主な地域子ども・子育て支援事業を概説する。

利用者支援事業
　子育て家庭が、個々のニーズに合わせて幼稚園・保育所などの施設や地域の子育て支援事業などから必要な支援を選択して利用できるように、情報の提供や利用方法の相談・援助を行う事業である。相談場所は、地域子育て支援拠点（基本型）や行政窓口（特定型）、市町村保健センター（母子保健型）で、専任職員（利用者支援専門員）が相談・支援を行う。

地域子育て支援拠点事業
　保育所・児童館・公共施設・民家・商店街の空き店舗などの地域の身近なところで、気軽に親子の交流や子育て相談ができる場を提供する事業である。この事業は、常設の地域の拠点を設ける一般型と、児童福祉施設等に親子が集う場を設ける連携型に分類され、開所日数や時間は表１－４のように定められている。基本事業は、子育て中の親子の交流、子育てに関する相談・援助、子育て関連情報の提供、子育ておよび子育て支援に関する講習等の実施であるが、前述の利用者支援事業を行う拠点も出てきた。市町村が実施するが、社会福祉法人やNPO法人等に運営を委託することも可能である。

妊婦健康診査
　妊婦の健康保持および増進を図るため、妊婦に対する健康診査として、健康状態の把握、検査計測、保健指導を実施し、必要に応じて医学的検査を実施する。

乳児家庭全戸訪問事業（こんにちは赤ちゃん事業）
　生後４か月までの乳児のいるすべての家庭を訪問し、子育てに関する不安や悩みを聞き、子育てに関する情報の提供、乳児やその保護者の心身の状況と養育環境の把握、養育についての相談に応じ、助言等を行う事業である。訪問員は、母子保健推進員、保育士や子育て経験者などである。

養育支援訪問事業
　乳児家庭全戸訪問事業などにより把握された支援を要する子どもとその保護者に対し、養育に関する相談、指導、助言その他必要な支援を行う事業で

表1－4　地域子育て支援拠点事業の概要

	一般型	連携型
機能	常設の地域の子育て拠点を設け、地域の子育て支援機能の充実を図る取組を実施	児童福祉施設等多様な子育て支援に関する施設に親子が集う場を設け、子育て支援のための取組を実施
実施主体	市町村（特別区を含む。） （社会福祉法人、NPO法人、民間事業者等への委託等も可）	
基本事業	①子育て親子の交流の場の提供と交流の促進　　②子育て等に関する相談・援助の実施 ③地域の子育て関連情報の提供　　　　　　　　④子育て及び子育て支援に関する講習等の実施	
実施形態	①〜④の事業を子育て親子が集い、うち解けた雰囲気の中で語り合い、相互に交流を図る常設の場を設けて実施 ・地域の子育て拠点として地域の子育て支援活動の展開を図るための取組（加算） 　一時預かり事業や放課後児童クラブなど多様な子育て支援活動を拠点施設で一体的に実施し、関係機関等とネットワーク化を図り、よりきめ細かな支援を実施する場合に、「地域の子育て支援拠点事業」本体事業に対して、別途加算を行う ・出張ひろばの実施（加算） 　常設の拠点施設を開設している主体が、週1〜2回、1日5時間以上、親子が集う場を常設することが困難な地域に出向き、出張ひろばを開設 ・地域支援の取組の実施（加算）※ ①地域の多様な世代との連携を継続的に実施する取組 ②地域の団体と協働して伝統文化や習慣・行事を実施し、親子の育ちを継続的に支援する取組 ③地域ボランティアの育成、町内会、子育てサークルとの協働による地域団体の活性化等地域の子育て資源の発掘・育成を継続的に行う取組 ④家庭に対して訪問支援等を行うことで地域とのつながりを継続的に持たせる取組 ※利用者支援事業を併せて実施する場合は加算しない。	①〜④の事業を児童福祉施設等で従事する子育て中の当事者や経験者をスタッフに交えて実施 ・地域の子育て力を高める取組の実施（加算） 　拠点施設における中・高校生や大学生等ボランティアの日常的な受入・養成の実施
従業者	子育て支援に関して意欲があり、子育てに関する知識・経験を有する者（2名以上）	子育て支援に関して意欲があり、子育てに関する知識・経験を有する者（1名以上）に児童福祉施設等の職員が協力して実施
実施場所	保育所、公共施設空きスペース、商店街空き店舗、民家、マンション・アパートの一室等を活用	児童福祉施設等
開設日数等	週3〜4日、週5日、週6〜7日／1日5時間以上	週3〜4日、週5〜7日／1日3時間以上

出典：厚生労働省「地域子育て支援拠点事業について」

ある。産後うつ病、育児ノイローゼやストレスなどの問題により、子育てに対し不安、孤立感を抱える家庭やさまざまな理由で支援が必要となっている家庭に対し、子育て経験者などによる訪問で、育児・家事の援助を提供する。また、保健師などによる訪問で、具体的な養育の相談、指導を実施し、個々の家庭の抱える養育上の諸問題の解決、軽減を図る。

子育て短期支援事業

家庭において、保護者の病気、育児疲れ、仕事その他の理由により養育を受けることが一時的に困難になった児童を、児童養護施設などに入所させ、保護する事業である。原則7日以内で児童を預かるショートステイ事業[*4]と、夜間や休日に保育に欠ける児童を預かるトワイライトステイ事業[*5]があり、利用料は子どもの年齢や世帯の状況により異なる。

子育て援助活動支援事業（ファミリー・サポート・センター事業）

乳幼児や小学生等の預かり等の援助を受けたい保護者と、地域のなかで援助を行うことを希望する者とを会員として登録し、ニーズに応じて連絡調整を行い、助け合いの支援を行う事業である。預かりの理由は、保護者の仕事の都合による保育所・幼稚園・小学校の送迎、保護者の病気や急な用事等である。2016（平成28）年度実績では、833市区町村で実施しており、依頼会員（援助を受けたい会員）が55万人、提供会員（援助を行いたい会員）が13万人いる。

一時預かり事業

保護者の急な用事、入院、パートタイム就労、出産・育児にともなう心理的・肉体的負担等のため、乳幼児を昼間に保育所や幼稚園、地域子育て支援拠点、または、自宅などで一時的に預かり、必要な保育を行う事業である。

病児保育事業

病気や病後の子どもを、保護者が家庭で保育できない場合に、病院・保育所などに付設されたスペース等で預かる事業である。2016（平成28）年度、病児対応型の施設数は896か所で、病後児対応の施設が619か所あり、延べ利用児童数は64万人であった。

(4) 健全育成施策

「健全育成」とは、特定の子どものみではなく、すべての子どもが健やかに育っていくための社会的支援であり、児童福祉法第1条に国民の責務として規定されている。健全育成の目標は、子どもの心身の健康増進を図り、知的・社会的な適応能力を高め、情操を豊かにすることであるが、その具現化

[*4] ショートステイ事業（短期入所生活援助事業）
保護者の病気、出産、冠婚葬祭などの理由で、子どもの養育が一時的に困難になったときに児童養護施設などで原則7日以内の範囲で預かり、生活指導や食事の提供等を行う事業。

[*5] トワイライトステイ事業（夜間養護等事業）
保護者が仕事等の理由で常に帰宅が遅い場合や、休日に勤務する場合等に児童養護施設などで子どもを放課後から夜間まで一時的に預かり、生活指導や食事の提供等を行う事業。

第1章 子ども家庭支援の意義と役割

には以下に述べるようにいくつかの施策がある。

児童厚生施設（児童館・児童遊園）

　児童厚生施設とは、児童福祉法第40条に規定されている児童福祉施設である。児童厚生施設には児童館と児童遊園の2種類があり、児童館では屋内、児童遊園では屋外の遊びを子どもに提供している。児童厚生施設には、「児童の遊びを指導する者」（保育士や小学校教諭・幼稚園教諭などの資格を有する者）がおり、遊びを通して子どもの心身の健康増進と豊かな情操の育成を図る支援をしている。

　児童館は、その規模や機能から、小型児童館（小地域を対象）、児童センター（小型児童館の機能に加え、運動・遊びを通して体力増進を図る。大型児童センターでは中学生・高校生に対する育成支援も行う）、大型児童館（広域を対象としA型・B型・C型）の3種類に分かれており、公設公営の施設が多い。

　児童遊園は、幼児や小学校低学年の子どもを対象とし、遊具（ブランコ、砂場、滑り台など）、広場、トイレなどの設備を備えている。

放課後児童健全育成事業（放課後児童クラブ）

　放課後児童健全育成事業（放課後児童クラブ）は、日中保護者が就労のため家にいない子ども（小学生）が、放課後や夏休みに小学校の余裕教室、児童館などで過ごすことができる事業で、一般には「学童保育」「学童クラブ」の名称で親しまれている[*6]。

　新制度では、地域子ども・子育て支援事業の一つに位置づけられており、地域のニーズに合わせ設置数を増やしていくとともに、職員や施設・設備について新たな基準を設け、質の向上を図っており、対象児童も小学校6年生までとなった。

放課後子ども総合プラン（放課後子供教室・放課後児童クラブ）

　2007（平成19）年に、文部科学省と厚生労働省が連携・協力して、小学校の校庭や余裕教室、児童館・公民館を活用して、放課後や夏休みなどの期間に、すべての子ども（主に小学生）を対象に、安全・安心な居場所を提供する事業である「放課後子どもプラン」が始まった。2014（同26）年策定の「放課後子ども総合プラン」は、地域の人々の参画で文化芸術活動を提供する「放課後子供教室」（文部科学省所管）と、前述の「放課後児童健全育成事業」（放課後児童クラブ：厚生労働省所管）を連携もしくは一体化した事業の計画的な整備等を進めるもので、この一体化した事業を2019年度末までに全国の小学校1万か所以上で実施する予定である。

*6
放課後児童健全育成事業として法定化される以前から、自治体によって「学童保育」「学童クラブ」等の名称で実践されてきたものである。

地域組織活動

　地域ぐるみで子どもの健全育成を図ろうと、子ども対象の組織である「子ども会」や保護者を対象とする「母親クラブ」が地域住民により組織され、活動を続けている。「子ども会」は地域の町内会や自治会と連携して、大人が子どもに遊びの場を提供したり、異年齢の子どもが交流するなどの場となっている。「母親クラブ」では、地域の住民が児童館や公民館などを拠点として、子育てや家庭、地域の生活課題などについて研修を受けたり、意見を交換し合うなどして親睦を図っている。

(5) 母子保健

　母子保健は、主に母親と乳幼児の健康の保持や増進を図ること、思春期から妊娠・出産までをとおして母性や父性を育むことを目的として行われるものであり、生涯にわたる健康づくりの基礎といえる。わが国は、乳児死亡率[*7]や妊産婦死亡率[*8]などが低く、世界においてトップクラスの母子保健水準を誇る一方、産科医の人手不足に代表される周産期医療体制の問題、経済や社会の変化に伴う親や子どもの心の問題への専門的対応などといった課題もある。

　子育て支援サービスにかかわる母子保健サービスは、市町村保健センターにおいて主に実施されている。そこでは、母子健康保健手帳の交付や妊婦健康診査、乳幼児健康診査（1歳6か月児、3歳児など）、母子保健指導（婚前学級、両親学級、育児学級など）などが行われている。また、晩婚化が進み出産年齢が高まるなか、不妊治療のニーズが増えていることを受けて、不妊に関する医学的な相談や不妊による心の悩みの相談などを行う「不妊専門相談センター事業」も実施されている。

　市町村単位によるきめ細かな母子保健体制は、妊娠時や子どもの発達における異常等を早期に発見し、支援につなぐことをはじめ、母子の健康と子どもの健全育成を実施するうえで重要な役割を担っている。

(6) 社会的養護

　貧困、虐待、保護者の病気、保護者の死亡や失踪等、家庭における養育に困難が生じた際、公的責任において子どもを養育する仕組みを社会的養護という。わが国では、児童養護施設や乳児院等の児童福祉施設における施設養護と、里親などによる家庭養護の2種類の養護が行われている。近年、子ど

[*7] **乳児死亡率**
出産数10万に対する乳児死亡数で表す。わが国では、第二次世界大戦後は70以上であったが、2011（平成23）年は2.3となっている。諸外国では、スウェーデン：2.1、ドイツ：3.5、アメリカ（2008年）：6.6等。

[*8] **妊産婦死亡率**
出産数10万に対する妊産婦死亡（妊娠中および妊娠終了後42日未満での死亡）数で表す。わが国では、2011（平成23）年に3.8となっている。海外では、アメリカ（2008年）：18.7、スイス（2007年）：1.3、オランダ（2010年）：2.2など、ヨーロッパ諸国で、より高水準の国が多くみられる。

も虐待による要保護児童の増加を受け、従来は子育て支援サービスの範囲外にあった社会的養護サービスが、子育て支援サービスの一環としてとらえられるようになっている。

(7) 経済的支援

子育て家庭を対象とした経済的支援は、出産育児一時金、出産手当金、育児休業給付、児童手当などがある。

児童手当

児童手当は、「児童手当法」に基づく、児童を養育している者（保護者）に対する、生活の安定と児童の健全育成のために支給される手当金である。2012（平成24）年現在、支給には一定の所得制限があるものの、中学修了までの子どもを養育している世帯に支給されている。

その他の経済的支援

前述以外にも、ひとり親家庭のための「児童扶養手当」、障害児のいる家庭のための「特別児童扶養手当」、母子家庭を対象にした「母子及び寡婦福祉資金」の貸付など、貧困のリスクを負いやすい家庭のための現金給付や貸付の制度が存在する。また、近年増加している不妊治療には、体外受精や顕微授精など高額な医療費がかかる治療があり経済的負担が重いため、不妊治療にかかる医療費助成事業も開始されている。

【初出一覧】
■第1節　八田清果「家族と家庭」上田衛編『保育と家庭支援』みらい　2013年　pp.30－36
■第2節　平田美智子「子育て家庭支援の原理と支援方法」上田衛編『保育と家庭支援』みらい　2013年　pp.130－133
■第3節　吉田幸恵「子育て支援施策とサービス」上田衛編『保育と家庭支援』みらい　2013年　pp.110－113／116－123

【引用文献】
1）山根常男・森岡清美他編『テキストブック社会学(2)─家族』有斐閣　1977年　p.2
2）森岡清美「家族の福祉機能と社会福祉」望月嵩・本村汎編『現代家族の福祉─家族問題への対応』培風館　1986年　p.7
3）森田洋司「子どもの養育と家族福祉」望月嵩・本村汎編『現代家族の福祉─家族問題への対応』培風館　1986年　p.76
4）同上書
5）同上書　p.77

6) 吉澤英子『養護原理』全国社会福祉協議会　1991年　p.6
7) 中谷奈津子「家族の機能」橋本真紀・山縣文治編『よくわかる家族援助論　第2版』ミネルヴァ書房　2009年　p.20
8) 増田雅暢『これでいいのか少子化対策　政策過程からみる今後の課題』ミネルヴァ書房　2008年

【参考文献】
望月嵩・本村汎編『現代家族の福祉―家族問題への対応』培風館　1986年
野々山久也・袖井孝子他編著『家族社会学研究シリーズ①　いま家族に何が起こっているのか―家族社会学のパラダイム転換をめぐって―』ミネルヴァ書房　1996年
厚生労働省編『保育所保育指針解説書』フレーベル館　2018年
植木信一編著『保育者が学ぶ家族援助論』健帛社　2010年
柏女霊峰・山縣文治編『家族援助論』ミネルヴァ書房　2002年
塩谷香編著『家庭支援ガイド』ぎょうせい　2011年
白幡久美子編『改訂保育士をめざす人の家庭支援』みらい　2017年
保育福祉小六法編集委員会編『保育福祉小六法　2018年版』みらい

第2章 保育士による子ども家庭支援の基本

1 保育士が行う子育て支援の特性

(1) 子育て支援を学ぶにあたって

　保育所などの長い歴史において、これまで保育の専門家である保育者たちは、子どもの育ちとその親（家庭）を支えてきた。子育ては日々さまざまな出来事に対処しながら営まれ、悩み、迷い、不安を抱えながらも、それらをとおして「親」になっていく。しかし、より複雑化する今日の社会環境での子育てには、保護者への日常的なサポートがより重要性を増している。保護者が不安や悩みを抱え、当面どこからその解決の方向に進むのかを考えるときに、その傍らにいる保育者の存在は大きい。保育の知識とこれまで同質の相談に携わってきた経験を背景に、保護者自身がもっている「力」を引き出し、認め、保護者の養育力の向上を支えていくことに、保育者による子育て支援の意義がある。

　ここでは、保育所などの児童福祉施設のもつ特性や機能と保育の専門性を生かした子育て支援とはどのようにして展開されるものなのかを考えていく。そのために、保護者への相談支援の基盤となる意義と原則、さらに対人援助技術やソーシャルワークの知見をいかにして活用するのかを学び、保育士に求められている役割、保育士だからこそできる支援についての理解を深めていく。

(2) 求められる保育士による子育て支援

　児童福祉法では、国家資格である保育士を「保育士の名称を用いて、専門的知識及び技術をもつて、児童の保育及び児童の保護者に対する保育に関する指導を行うことを業にする者」（第18条の4）と定め、さらに「保育所は、当該保育所が主として利用される地域の住民に対してその行う保育に関し情

報の提供を行い、並びにその行う保育に支障がない限りにおいて、乳児、幼児等の保育に関する相談に応じ、及び助言を行うよう努めなければならない」（第48条の４）と明記している。また、2018（平成30）年に改訂された『保育所保育指針』には、「子育て支援」（第４章）が設けられ、「保育所における保護者に対する子育て支援は、全ての子どもの健やかな育ちを実現することができるよう、（中略）子どもの育ちを家庭と連携して支援していくとともに、保護者及び地域が有する子育てを自ら実践する力の向上に資する」ことが求められている。これは、「保護者に対する子育て支援」が「保育」と並ぶ重要な業務であることを示している。

保育は、生活のなかで子どもの豊かな育ちと健全な発達を支える営みである。近年では、「子ども家庭福祉」と呼ばれるように、子どもの福祉（幸福）は子どものみではなく、子どもが愛情をもって育てられる「家庭」が存在し、また機能してはじめて成り立つものと考えられるようになってきた。それは、子どもにとって家族は最も身近で影響を受ける存在であり、特に乳幼児期は生命活動維持活動のほぼすべてが養育者である保護者に委ねられ、子どもの自己形成には親子のかかわりを中心とした家庭での生活が深くかかわっているからである。

たとえば、全国保育士会倫理綱領（2003年）の前文には次の３点が示されている。
・私たちは子どもの育ちを支えます
・私たちは、保護者の子育てを支えます
・私たちは、子どもと子育てにやさしい社会をつくります

つまり、子どものケアにとどまらず、子育ての基盤である家庭を支えること、社会に働きかけ子育てをサポートしていくシステムをつくることを視野に入れることが求められている。そのため、保育士による子育て支援は今日の多様化する社会において重要な役割を果たしているのである。

(3) 保育の環境をとおして行われる、子育て支援の特性

保育士は児童福祉法に規定された国家資格であり、大きく分けて「子どもへの保育」と、その「保護者に対する保育に関する指導」（以下「保育指導」という）という２つの業があるとしている。

ここでいう保護者への「保育指導」とは、保護者に対して子育てはこのようにすべきであると教え込んだり、指導することではない。保護者が子どもの成長に喜びを感じ、保護者自身が主体となって子育ての問題と向き合って

乗り越えていく過程を支援することである。そのため支援において保育士は、子どもに対する具体的なアドバイスを交えながら、保護者の子育てのパートナーとしての役割を果たしていく。つまり、子育てに戸惑う保護者に対して、育児の悩みを受け止め、「いっしょに子育てについて考えていきましょう」という姿勢で相談に乗りながら、保護者が「親」になっていくプロセスを支えていくことである。

保育所保育指針解説書では、保育所の特性を生かした子育て支援業務を「保育指導」とし、「保護者が支援を求めている子育ての問題や課題に対して、保護者の気持ちを受け止めつつ行われる、子育てに関する相談、助言、行動見本の提示その他の援助業務の総体を指す」と定義されている。

たとえば、日々、送迎時に交わされている保護者と保育者との何気ない会話も、保育指導の場面である。「登園時は泣いていましたが、すぐに気持ちを切り替えてお友達と遊んでいましたよ」「給食は全部食べられました」など、子どもの様子を伝えることは、保護者に安心できる情報を提供していることにつながっている。また、子どもの言動を受け止めることができずに戸惑う保護者に、子どもの成長過程をていねいに説明して保護者とともに乗り越えようとする「解説」や、子どもとの遊び方がわからずに戸惑う保護者に実際にやって見せながらかかわりを示す「行動見本の提示」などもある。いずれにしても、保育の場における保護者への保育指導は、保育所への登降時、保護者懇談会や参観日、家庭訪問、あるいは一時保育や園庭解放、育児サークル等のさりげないかかわりのなかではじまる場合が多い。専門機関のような特定の場で特化された相談を受けるのとは異なり、多彩な場で多様な対応が求められるのである。

(4) 子育て支援における保育所の役割

保育所における保護者に対する支援には、大きく分けて「保育所を利用している保護者に対する支援」と「地域の保護者等に対する子育て支援」の2つがある。前者に関しては、子どもの保育との密接な関連のなかで保護者への支援を担い、保護者との協力、パートナーシップのなかで、保護者とともに子どもを保育する姿勢が求められる。また、後者は本来業務に支障のない範囲において、その役割を十分に自覚し、他の関係機関、サービスと連携しながら、保育所の機能や特性を生かした支援を行っている。

第4章　子育て支援

　保育所における保護者に対する子育て支援は、全ての子どもの健やかな育ちを実現することができるよう、第1章及び第2章等の関連する事項を踏まえ、子どもの育ちを家庭と連携して支援していくとともに、保護者及び地域が有する子育てを自ら実践する力の向上に資するよう、次の事項に留意するものとする。

1　保育所における子育て支援に関する基本的事項
　(1)　保育所の特性を生かした子育て支援
　　ア　保護者に対する子育て支援を行う際には、各地域や家庭の実態等を踏まえるとともに、保護者の気持ちを受け止め、相互の信頼関係を基本に、保護者の自己決定を尊重すること。
　　イ　保育及び子育てに関する知識や技術など、保育士等の専門性や、子どもが常に存在する環境など、保育所の特性を生かし、保護者が子どもの成長に気付き子育ての喜びを感じられるように努めること。
　(2)　子育て支援に関して留意すべき事項
　　ア　保護者に対する子育て支援における地域の関係機関等との連携及び協働を図り、保育所全体の体制構築に努めること。
　　イ　子どもの利益に反しない限りにおいて、保護者や子どものプライバシーを保護し、知り得た事柄の秘密を保持すること。

2　保育所を利用している保護者に対する子育て支援
　(1)　保護者との相互理解
　　ア　日常の保育に関連した様々な機会を活用し子どもの日々の様子の伝達や収集、保育所保育の意図の説明などを通じて、保護者との相互理解を図るよう努めること。
　　イ　保育の活動に対する保護者の積極的な参加は、保護者の子育てを自ら実践する力の向上に寄与することから、これを促すこと。
　(2)　保護者の状況に配慮した個別の支援
　　ア　保護者の就労と子育ての両立等を支援するため、保護者の多様化した保育の需要に応じ、病児保育事業など多様な事業を実施する場合には、保護者の状況に配慮するとともに、子どもの福祉が尊重されるよう努め、子どもの生活の連続性を考慮すること。
　　イ　子どもに障害や発達上の課題が見られる場合には、市町村や関係機関と連携及び協力を図りつつ、保護者に対する個別の支援を行うよう努めること。
　　ウ　外国籍家庭など、特別な配慮を必要とする家庭の場合には、状況等に応じて個別の支援を行うよう努めること。
　(3)　不適切な養育等が疑われる家庭への支援
　　ア　保護者に育児不安等が見られる場合には、保護者の希望に応じて個別の支援を行うよう努めること。
　　イ　保護者に不適切な養育等が疑われる場合には、市町村や関係機関と連携し、要保護児童対策地域協議会で検討するなど適切な対応を図ること。また、虐待が疑われる場合には、速やかに市町村又は児童相談所に通告し、適切な対応を図ること。

3　地域の保護者等に対する子育て支援
　(1)　地域に開かれた子育て支援
　　ア　保育所は、児童福祉法第48条の4の規定に基づき、その行う保育に支障がない

第2章 保育士による子ども家庭支援の基本

　　　限りにおいて、地域の実情や当該保育所の体制等を踏まえ、地域の保護者等に対して、保育所保育の専門性を生かした子育て支援を積極的に行うよう努めること。
　　イ　地域の子どもに対する一時預かり事業などの活動を行う際には、一人一人の子どもの心身の状態などを考慮するとともに、日常の保育との関連に配慮するなど、柔軟に活動を展開できるようにすること。
　(2)　地域の関係機関等との連携
　　ア　市町村の支援を得て、地域の関係機関等との積極的な連携及び協働を図るとともに、子育て支援に関する地域の人材と積極的に連携を図るよう努めること。
　　イ　地域の要保護児童への対応など、地域の子どもを巡る諸課題に対し、要保護児童対策地域協議会など関係機関等と連携及び協力して取り組むよう努めること。

2　子育て支援における基本的な視点

(1)　子育て支援における6つの視点

　以下に、詳しく子育て支援における基本的な視点を解説していく。

子どもの福祉を重視し、子どもの立場から支援する

　保育所の役割は、"子どもの最善の利益"を守ることにある。したがって、「子どもの立場」で考え、「子どもの思いに寄り添う」という姿勢が大切である。子育て支援では、まずは親の安定やニーズが優先されてしまい、「子どもの存在」が後回しになってしまいがちである。保育所では、子どもの代弁者として、子どもの最善の利益を考慮して、子どもを中心にした支援を行っていくことが、保育所が行う保護者支援の原則である。

日々の保育に関連づけながら、子どもの成長をともに喜び合う関係を築く

　保護者は子どもの成長・発達に最も大きな影響を及ぼす存在である。家庭が心身の健康の基盤をつくる場であることの意味は、それが最も基本的な人間関係を提供し、心理的安定と休息を用意する場であることに加えて、衣・食・住の日常的生活がそのまま栄養や睡眠の条件として健康にかかわってくることである。あわせて精神的な健康の多くが家族関係のなかからつくられ、安定的な自我の形成は乳幼児期の保護者との関係に深く根ざし、愛情や喜びの表現も、怒りや不安などの否定的な情緒の処理の仕方もそうしたなかでつくられていく。

　子どもの成長は、保護者の成長の原動力となるものである。子どもをかわいいと思う気持ちや子どもの成長を実感し、周囲の人とその喜びを共有して、保育の専門職である保育者から認められることは、保護者が成長する大きなきっかけとなる。子どもを核とした子育て支援においては、成長をともに喜

び合う関係を築いていくことが、支援の基盤となる。

保育所の特性を生かした支援の展開

　保育所は、「ゼロ歳から就学前までの子どもの集団」と「乳幼児期にもっともふさわしい生活の場」があることが大きな特徴である。そこでは、日々保育の専門家である保育者が子どもとかかわる姿を目の当たりにすることができ、さらに、保育所ではさまざまな親子の交流があることから、他の子どもや保護者の姿を見ることもできる。保護者が自然な形で子育てのモデルを得ることができ、あるいは保護者同士で悩みや不安などを話し合い、解決するというピアサポートなどの保護者同士の交流による支援も可能である。

　保育所は、地域のなかに位置して、子どもと家庭にとって気軽で身近な場であることから、日常的・継続的な支援を行うことができ、他の親子や地域住民との交流も図ることができるのである。

親子関係に着目して保護者自身の成長を支える

　子ども家庭支援とは、実際に抱えている家庭の問題や課題に対して、それに見合う社会資源や方法を相談に乗りながら伝えるという単純なものではない。むしろ、「問題を解決するのはあなた（保護者）自身である」という立場に立ち、抱えている問題や課題を、保護者本人が主体となり自らの力で乗り越えていく過程を支えていくことである。

　保護者自身がこれから向き合わなくてはならない課題を認識し、それに正面から取り組むことによってはじめて保護者の養育力の向上につながっていくのである。そのため、保護者が本来もっている潜在的な「強さ」「力」をいかにして見出して、支援に結びつけていくのかが重要な視点となる。

　保護者の養育力の向上に資するためには、保護者が子育てのなかで行っている小さくても子どもの育ちを支えている努力や工夫に着目し、保護者を支えていく姿勢が大切である。

相談支援者としての基本原則を守る

　本章第5節で述べるバイステックの7原則など、ソーシャルワークに用いられる基本原則を理解し、厳守する。支援は、信頼関係に基づいた専門的支援関係で展開されるものであり、そのための受容・傾聴・自己決定・秘密保持の重視は相談を受ける側の基本的態度である。

　受容とは、保護者の不適切な行動などもすべて受け入れることではなく、不適切な行動として表現される保護者（親）としての思いも含めて、保護者を理解しようとする視点である。また、信頼関係は、保育者が保護者のもっている力を信じてかかわることからはじまり、活動や経験をとおして築かれるものである。

地域との連携・協働（地域ネットワークづくり）

　保護者同士の交流や地域の人々とのかかわりを深めるための場や機会を提供したり、支援していくことも保育所の役割である。子どもが健やかに成長していくためには、子どもと保護者を見守る温かな目を、地域のなかにはりめぐらせていくことが必要である。

　地域の関係機関・施設、地域の社会資源や人々と連携し、関係機関につなげていくことが重要である。

(2) 保育所での支援内容と保護者とのかかわり

　これまで、保育の場をとおして行われる子育て支援の特性を考えてきた。保育所での支援の基本は、一方的に指導をするというようなかかわりではなく、保護者との日常的・継続的なかかわりのなかで積み重ねることによって、有効性を発揮しようというところにある。

　ここまでをまとめると、❶日々、子どもが通い、継続的に子どもの発達援助ができること、❷送迎を中心として、日々保護者と接触が日常性・継続性のなかであること、❸保育所保育の専門職である保育者をはじめとして各種専門職が配置されていること、❹子どもが集団のなかで育ち、保護者にとっても多くの子どもを目の当たりにできること、❺保護者同士の関係・親子の交流・地域住民との交流ができること、❻災害時なども含め、子どもの生命・生活を守り、保護者の就労と自己実現を支える社会的使命を有していること、❼公的施設として、さまざまな社会資源との連携や協力が可能であること、以上が保護者に対する相談支援を保育所が担うことの意義であるといえる。

3　保育者の専門性を活かした子育て支援

(1) 保育の特性

　保育の専門性を活かした子育て支援を述べる前に、まずは「保育とは何か」というその特性について考えてみる。保育所保育指針では、保育所保育について「家庭との緊密な連携の下に、子どもの状況や発達過程を踏まえ、保育所における環境を通して、養護及び教育を一体的に行うことを特性」としている。ここでいう養護とは、「子どもの生命の保持及び情緒の安定を図るために保育士等が行う援助や関わり」であり、教育は「子どもが健やかに成長

し、その活動が豊かに展開されるための発達の援助」を意味している。

　養護と教育を一体的に行うとは、保育士等が子どもと生活をともにしながら保育の環境を整え、一人ひとりの心身の状態などにおいて適切に対応し、細やかな配慮の下で子どもが安心して遊びなど自発的な活動を通して体験的に様々な学びを積み重ねていくことにある。それらをとおして子どもは、子ども自身の存在を受け止めてくれる保育者との安定した関係や友だちとの安定した関係を基盤にして、自分を取り巻く環境に自発的にかかわり、興味や関心を広げ、心の土台となる個性豊かな自我を形成していくのである。

(2) 保育者の専門性にあたる6つの技術

　既述したように、保育者の専門性は、「保育に関する専門性」と「保護者への支援に関する専門性」に大別できる。それでは保育者の専門性とは具体的にはどのような内容なのだろうか。保育所保育指針解説書では、保育士の専門性として次の6つをあげている。さらに、それぞれについて柏女と橋本は、受信型技術と発信型技術に分けて解説している[1]。前者は子どもの保護者の感情や行動を受け止める技術であり、後者は子どもや保護者の感情や行動に意図的に働きかける技術である（表2-1）。

　①から⑤までの専門的技術は、「保育」を行うための「保育技術」といわれるものである。⑥に関しては、子どもの保護者への支援にかかわる専門性にあたる。具体的には、「支持」「承認」「助言」「情報提供」「行動見本の提示」などがある。①から⑤までの「保育技術」と⑥の「保護者への相談・助言に関する知識・技術」を組み合わせながら、それぞれの保育者が保育の専門的技術を駆使することで、保育の特性と保育士の専門性を生かした子育て支援ができるのである。

(3) 子育て支援の技術

　子育て支援においては、前項で述べた6つの保育士の専門性を基盤とし、保護者を支援する技術が必要となる。具体的には、後に説明するソーシャルワークやカウンセリングなどの援助技術としての、①支持、②承認、③助言、④解説、⑤情報提供と、保育のなかで培われた技術の、⑥物理的環境の構成、⑦行動見本の提示、⑧体験の提供などがある[2]（表2-2）。

　つまり、「6つの保育技術」と「8つの保育相談支援の技術」との組み合わせによって子育て支援が展開されることになる。これらの考え方は、先に

表2-1 保育者の専門性(保育に関する専門性)と技術

分類		内容
①発達援助の技術		子どもの発達に関する専門的知識をもとに子どもの育ちを見通し、その成長・発達を援助する技術
	受信型技術	・子ども自身の状態を把握する技術 ・子どもの自発的・能動的活動を受容し、見守り、支持、承認することで発達をうながす技術
	発信型技術	・その発達の援助を行うために働きかける技術、「遊びを展開する技術」「環境を構成する技術」を併用しながら、子どもへの関わりや助言、行動見本などを行う
②生活援助の技術		子どもの発達過程や意欲を踏まえ、子ども自らが生活していく力を細やかに助ける生活援助の知識・技術
	受信型技術	・たとえば、一人ひとりの子どもの生理的欲求を的確に把握するなどの技術
	発信型技術	・たとえば、子どもの生理的欲求を満たすなどの技術
③環境構成の技術		保育所内外の空間や物的環境、さまざまな遊具や素材、自然環境や人的環境を生かし、保育の環境を構成していく技術
	受信型技術	・子どもの環境の相互作用の観察と子どもの発達や興味・関心の変化を見極める技術
	発信型技術	・子どもとは関わりのなかで保護者に理解できるような提示の方法 ・「お便り」や連絡帳、壁のしつらえなどから情報を提供する技術
④遊びを展開する技術		子どもの経験や興味・関心を踏まえ、様々な遊びを豊かに展開していく知識・技術
	受信型技術	・子どもの発達に応じた遊びの環境、遊具や素材などを準備し、子どもの関心や発見を受け止め、自発的な活動を見守り、支持、承認する技術
	発信型技術	・必要に応じて保育者から遊びを提供し、共に遊ぶなかで行動見本を提示するなどの技術
⑤関係構築の知識・技術		子ども同士の関わりや子どもと保護者の関わりなどを見守り、その気持ちに寄り添いながら適宜必要な援助をしていく関係構築の知識・技術
	受信型技術	・言語発達が未熟な乳幼児に対して、非言語的なコミュニケーションスキル、また発達段階に応じた言語を用いた働きかけ、関係を構築したり、関係を調整する技術
	発信型技術	・言語発達が未熟な乳幼児の非言語的な反応や表現を読みとり、受け止めるなどにより、関係を構築したり、関係を調整する技術
⑥相談、助言の知識・技術		保護者への相談・助言に関する知識・技術など
	受信型技術	・バイステックの7原則などに基づいた信頼関係を築き、専門的な支援関係を構築する技術 ・子育てのパートナーとしての相互関係による働きがけができる技術
	発信型技術	・保護者の感情をよみとり、意図的に伝える技術

出典:柏女霊峰・橋本真紀『増補版・保育者の保護者支援—保育相談支援の原理と技術—』フレーベル館 2010年 p.192をもとに一部改変

述べた保育所保育指針の総則や第4章「子育て支援」がもとになっている。
保育士の特性と専門性を活かした子育て支援の技術とは、保育士がもつ固有の「保育技術」に「子ども家庭支援の技術」を支援の課題やニーズに即して、それぞれの場面のなかで組み合わせて展開されるものである。

表2-2 子育て支援の技術

類型	定義
①支持	保護者の子どもや子育てへの意欲や態度が継続されるように働きかけること
②承認	保護者の心情や態度を認めること
③助言	保護者の子育てに対して抽象的に方向性や解決策を示すこと
④解説	現象に保育技術の視点から分析を加えて伝える発言や行為
⑤情報提供	広く一般的に活用しやすい情報を伝えること
⑥物理的環境の構成	支援のための場や機会の設定
⑦行動見本の提示	保護者が活用可能な子育ての方法を実際の行動で示すこと
⑧体験の提供	保護者の子育てへの方法を獲得するための体験を提供すること

出典：柏女霊峰監　橋本真紀・西村真実編『保護者支援スキルアップ講座保育者の専門性を生かした保護者支援―保育相談支援（保育指導）の実際』ひかりのくに　2010年　p.77をもとに一部改変

4　保護者の主体性を育てる子育て支援

(1) 解決するのは「あなた自身である」という視点

　社会福祉の相談援助（ソーシャルワーク）を実践する専門職をソーシャルワーカーというが、その実践はクライエント（ここでは保護者）の話を聞き、それに見合う対処の方法や社会資源に結びつけるというだけでなく、保護者が抱えている問題の背景や構造を理解し、それらの問題解決に向けて保護者自身が主体的に取り組む過程を支えることである。

　いかなる支援や援助も、保護者がさまざまなサービスや支援を利用して変わりたいという主体的な参加がなければ成り立たない。たとえば、保育所を利用している場合においても、家に帰ってからの生活を成り立たせるのは、保育者ではなく本人（保護者）とその家族である。保育者（支援者）との支援関係をとおして、課題や問題に直面していた混乱、不安、緊張のなかから抜け出して、保護者が自分のなかにある可能性に気づき、自ら動きはじめることによって支援は実を結んでいく。保育や福祉サービスの制度をどのような目的で利用するにしても、それを利用するのは保護者本人であって、支援者である保育者がそのケースを処理するものであってはならない。

　したがって、子育て支援においても、信頼関係に基づいた保育者と保護者との相互作用を利用しながら本来もっている「力」を取り戻し、使いうるあ

らゆる社会資源を駆使して、保護者が主体となって問題の解決に向かって協働して展開されるものである。

(2) 保護者の「強さ」に着目する

　子育ては、日々さまざまな出来事に対処しながら営まれており、保護者は悩み、迷い、不安を抱えながらも、それらをとおして「親」になっていく。しかし、これまで述べてきたように、より複雑化する社会のもとでの子育てには、保護者の日常的なサポートはより重要性を増してきている。
　保護者は、子育てにおいてこれまでの対処方法や知識では手に負えないレベルを超えたときに、相談という形で助けを求める。ここで、保育者が注目すべきことは、支援を求めてその一歩を踏み出してきたという行動力である。保護者は、「今の状況を何とかしたい」「子どものために何ができるのか」というような現状を変えたいという思いを抱いて助けを求めにやってくる。つまり、「助けて欲しい」という相談への行動は、その人がもっている健全な力であり強さの証しなのである。
　保育者は、この強さをテコにして保護者の成長へと結びつける支援への手がかりを見出さなくてはならない。一見、保護者の怠けやわがままと思うような相談の内容であってもまずはその背景を理解しながら受け入れていく必要がある。
　このように、視点を変えることにより保護者自身が本来もっている「強さ」や「力」（ストレングス）を見出すことができる。また、大きな問題に直面しているからこそ保護者自身が新たな目でこれまでの問題や育児を認識する機会ともなる。そこで適切な支援が行われ、その問題と向き合い乗り越えることができれば保護者自身が成長することにつながっていく。保護者のストレングスを見出し、「問題を解決するのはあなた自身」であるという視点に立ち、現在抱えている問題や課題に対して、本人が主体となり自らの力で乗り越えていく過程を支えていくことを重視する。

(3) 問題を解決することに向けての動機づけ

　保育者は保護者の自己表現を助ける役割を担いながら、できるだけ保護者自身の問題を保護者自身の言葉で表現できるように支援することが求められる。保育者に自分の育児場面・体験を説明し語るということは、保護者自身が頭のなかで整理し、その時々の状況に意味づけを促すことであり、むしろ

図2－1　ソーシャルワーカーによる援助の構造

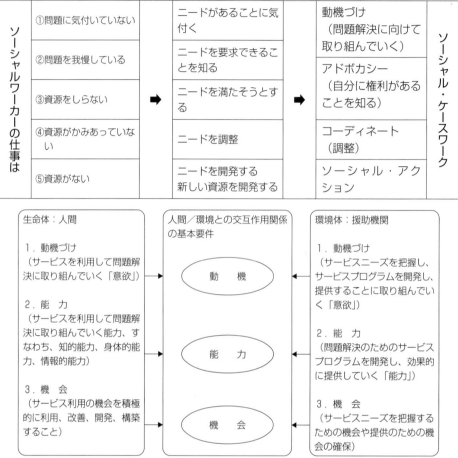

出典：得津愼子『ソーシャルワーク―相談援助の理論と方法の基礎―』ふくろう出版　2012年　p.42
　　　を一部改変

　現状の課題や思いを色濃く表現するものである。窪田暁子は、「専門的な援助関係のなかで他人（ワーカー）に受容され、傾聴され、理解される体験自体が、問題を客観的に明らかにするとともに本人の問題認識および問題解決能力を高める手段である」[3]と述べており、保護者への自発的な動きを尊重した援助・支援者とのかかわりが、課題解決（問題解決）への動機づけを促すことを示している。

　保護者がその問題をどう認識し、どのような言葉で表現しているのかに着目しながら、これまでの生活を振り返り、主訴のみならず本人さえ気がついていない問題や課題、ニーズを保育者とともに発見する「気づき」を促していくことが重要である（図2－1）。

5 保護者との信頼関係を築くかかわり方 （ソーシャルワークの原則と倫理）

(1) ソーシャルワークの原則

　保護者の問題解決に向かって、子育て支援の過程を適切に展開していくためには、保護者と保育者との間につくられる信頼関係（ラポール）[*1]が重要である。この関係を築き上げていくために、保育者が心がけていなくてはならない基本的態度ともいえる原則がいくつかある。ここではソーシャルワークの原則としてバイステック（F. P. Biestek）がソーシャルワーカーとクライエントとの関係を規定するものとしてまとめた7つの原則を紹介する。この原則は、保育者が子育て支援を展開するうえでも共通する基本的な態度である。

①クライエント[*2]を個人としてとらえる（個別化）

　利用者等（保護者）の抱える問題は一人ひとり固有のものであり、違いがあるということを理解し、また、一人ひとりの固有性を認めたうえで、援助していくことをいう。もともと人はたとえ同じ環境のもとで生活していても、その状況や事実に対して思う気持ちや反応、行動は一人ひとり異なるものである。このようなことをふまえ、相談援助者（保育者）が利用者等の問題を理解する際、一人ひとりの違いや個性を理解しながら援助することが大切である。

②クライエントの感情表現を大切にする（意図的な感情表出）

　利用者等が自らの感情、喜びや楽しみなどプラスの感情のほか、特に他人への憎しみや敵意などといった世間一般的にマイナスとされる感情も大切にし、自由に表現してもらうよう配慮する。また、相談援助者は利用者等が感情を十分に表現できるような言葉がけ、雰囲気づくりに努めなくてはならない。このことが本人の問題の本質を明らかにすることにつながるのである。

③相談援助者は自分の感情を自覚して吟味する（統制された情緒的関与）

　相談援助者が利用者等の感情を敏感に受け止め、その感情表現の意味を理解し、適切に反応を示していくことである。援助の過程では、利用者等は時として、たとえば、自らの幼少期の体験等において無意識に抑えつけていた感情を表し、怒りの態度を示したり、好意を寄せたりすることがある。これらの感情にはどういった意味があるのかを常に感じ取り、理解し、適切に反応することが大切である。そのためには、相談援助者自身の感情の特性や特

---

*1　信頼関係（ラポール）
フランス語で「架け橋」という意味をもち、相談援助者と問題を抱えている子どもや保護者との間に結ばれる信頼関係をいう。

*2
クライエントと表現しているのは、その和訳に沿ったものであり、利用者や相談者という意味である。

徴を知り、利用者等に対応していくことが大切である（たとえば、自分はこういう場面で怒りを覚えやすい、といったことを自覚する）。

④受け止める（受容）

利用者等の態度、行動、思想等、その人のあるがままの姿をそのままに認め、受け入れることをいう。利用者等は、一人ひとりがさまざまな社会的立場、性格、個人的背景をもつ。また、相談援助者に対して緊張感を抱いていたり、敵視したり、否定的、拒否的感情を示す場合もある。利用者等がたとえどのような態度、感情を示しても、相談援助者は利用者等を一人の人間として尊重し、個人的な感情などで否定してはならない。しかし、この原則は利用者等の反社会的な行動等を認め、同調することを意味するものではない。

⑤クライエントを一方的に非難しない（非審判的態度）

相談援助者が自分の価値観や個人的判断によって利用者等の行動や態度を批判したり、それを押しつけたりしないことをいう。これは相談援助者と利用者等の関係を維持し、発展させていくための基本的態度であるといえる。

⑥クライエントの自己決定を促して尊重する（自己決定）

利用者等が自らの意思と力によって、自分の進む方向性やすべきことを決定し行動できるよう、相談援助者は側面的に援助することをいう。相談援助者と利用者等との関係は、相談援助者が一方的に指示を与えるなどして、何もかも利用者等の代わりになって行うような「してあげる－してもらう」関係ではない。利用者等の自分自身の方向性については、自分自身の意思と力で計画を立て、決定し、実行できるように、相談援助者はあくまでも側面的に援助することが、この原則の意図するところである。

⑦秘密を保持して信頼感を醸成する（秘密保持）

利用者等に関する情報は、決して他人に漏らしてはならない、ということである。相談援助者は職務上、利用者等の個人的な秘密に関する情報を知り得る立場にある。これについて、プライバシーの保護からも、そして信頼関係を構築するうえでも、利用者等の秘密を守ることは職務上の義務である。利用者等は自分の困難な状況に勇気を振り絞って相談しているのである。それを相談援助者が気軽に誰にでも話してしまうとわかれば、誰も信頼して相談などしないであろう。一方、利用者等以外からの情報を収集することや、必要があってほかの相談援助者や関係機関等へ情報を提供する必要がある場合は、原則として本人の了承を得ることが必要である。

以上、これらの7つの原則は、個々に独立したものではなく、相互にかかわり合い、補足し合う関係にある。

(2) ソーシャルワークの専門性と倫理

　ソーシャルワークの過程は、利用者一人ひとりの人権に深くかかわる過程である。そのためソーシャルワークを実践する人は鋭い人権感覚をもちつつ、利用者が必要としていることを理解し、効果的な支援を行う必要がある。このためソーシャルワーカーには高い専門性が必要とされる。保育者も同じである。

　ここでソーシャルワークや子ども家庭支援に限らず、対人援助を構成する3つの要素を確認しておきたい。それはつまり「知識・技術・価値」である。これら3つの基本的要素が満たされてこそ、専門的かつ効果的な対人援助活動となり得るのである。

　まず、対人援助活動における専門的「知識」に関しては、人々の抱える問題が複雑多岐にわたる現代社会にあっては、実に多様な「知識」が求められるといえる。子育てや社会福祉に関連することはもちろんのこと、医療、心理、経済、教育などの関連領域の知識についても必要とされる。

　次に「技術」に関しては、保育の技術とともに、この章でみてきたソーシャルワークの専門技術が、問題を抱える子どもや保護者の問題解決に有効に働くことであろう。

　最後に「価値」に関しては、たとえばソーシャルワークは人権と社会正義を拠り所として、抑圧された人をエンパワメントし、ソーシャルインクルージョン（社会的包摂）を促進していくところに価値を置く。これはソーシャルワーク実践を正しい方向に導く役割をもち、「知識」や「技術」をどのように使えばよいのかを方向づけるものである。

　対人援助活動の指針となる専門的価値を、専門職の行為や態度の規範という形で具体的に明文化したものに「倫理綱領」がある。わが国のソーシャルワーク活動においては、日本ソーシャルワーカー協会[*3]によるものが有名である。また、保育士の倫理綱領としては「全国保育士会倫理綱領」がある。先にも紹介したが、この前文には「私たちは、子どもの育ちを支えます。私たちは、保護者の子育てを支えます。私たちは、子どもと子育てにやさしい社会をつくります」とある。まさに私たちはこれらのことを実現するため、「知識」や「技術」を高め、日々精進し、実践を続けなければならないといえよう。

*3　日本ソーシャルワーカー協会
日本ソーシャルワーカー協会（JASW）は、児童から障害者、高齢者、低所得、地域福祉、行政、研究者まで、幅広い関係者で構成された社会福祉の総合的な専門職組織である。

ソーシャルワーカーの倫理綱領（抜粋）

価値と原則
Ⅰ（人間の尊厳）
　ソーシャルワーカーは、すべての人間を、出自、人種、性別、年齢、身体的精神的状況、宗教的文化的背景、社会的地位、経済状況等の違いにかかわらず、かけがえのない存在として尊重する。
Ⅱ（社会正義）
　ソーシャルワーカーは、差別、貧困、抑圧、排除、暴力、環境破壊などの無い、自由、平等、共生に基づく社会正義の実現をめざす。
Ⅲ（貢　献）
　ソーシャルワーカーは、人間の尊厳の尊重と社会正義の実現に貢献する。
Ⅳ（誠　実）
　ソーシャルワーカーは、本倫理綱領に対して常に誠実である。
Ⅴ（専門的力量）
　ソーシャルワーカーは、専門的力量を発揮し、その専門性を高める。

【初出一覧】
■第1～3節　新稿　小口将典　特例教科科目指導書『相談援助』第4章「保育相談支援の基本」2014年
■第4節　髙井由起子「相談援助とは何か」前田敏雄監　佐藤伸隆・中西遍彦編『演習・保育と相談援助（第2版）』みらい　2014年　pp.39-41

【引用文献】
1）柏女霊峰監　橋本真紀・西村真実編『保護者支援スキルアップ講座　保育者の専門性を生かした保護者支援—保育相談支援（保育指導）の実際』ひかりのくに　2010年　p.20
2）同上書　p.77
3）窪田暁子「社会福祉の方法技術」一番ケ瀬康子・真田是編『社会福祉論』有斐閣　1975年　pp.94-95

【参考文献】
F.P.バイステック著　尾崎新・福田俊子・原田和幸訳『ケースワークの原則［新訳改訂版］—援助関係を形成する技法—』誠信書房　2006年
相澤譲治監　植戸貴子編『ソーシャルワーカー教育シリーズ①　ソーシャルワークの基盤と専門職』（第2版）みらい　2017年
相澤譲治監　津田耕一編『ソーシャルワーカー教育シリーズ②　ソーシャルワークの理論と方法Ⅰ』みらい　2010年
相澤譲治監　大和三重編『ソーシャルワーカー教育シリーズ③　ソーシャルワークの理論と方法Ⅱ』みらい　2010年
相澤譲治編『新版　保育士をめざす人のソーシャルワーク』みらい　2005年

第3章 多様な支援の展開と関係機関との連携

1 子ども家庭支援の内容と対象

　保育所や認定こども園は近年、社会から期待される役割が拡大し、特に子育て支援機能の充実が求められている。保育士が子どもの幸せを実現させるためには、子どもが生活する基盤である家庭の抱える生活問題の解決をめざし、保護者に対する支援を行うことが必要である。また、保育所等に通園している子どもと親だけではなく、地域で子育てに取り組む親の声にも耳を傾け、必要に応じて助言や情報提供および必要に応じて支援を行うことも求められてきている。このように保育士には、子育て支援の実践者としての期待が強まっているが、次にその内容や対象について整理する。

(1) 親の子育てを支えるパートナー

　子どもに対して保育を行うことは、保育士にとって基盤となる仕事であるが、子育て支援においても重要な役割を担っている。保育所や認定こども園、および児童養護施設などの児童福祉施設における子どもの保育や養護は、親の仕事の継続や、病気治療や療養、また少し子どもと距離を置いて休息をとったり、親自身が抱える課題を整理するためにも欠かすことができない。保育士が親の子育てを支えるパートナーとしての役割を担い、保護者が安心して子どもを預けることができることや、保育士により保育・子育てに関する情報提供および必要に応じて相談・助言などを受けることは、親の社会的な活動の継続を保障すると同時に、精神的な余裕も生みだし、子どもに対して安定したかかわりをもてるようになる。

(2) 通所・入所児童の親に対する子育て支援を行う専門職として

　保育所や認定こども園は、親と最も近い距離に存在する児童福祉施設であ

り、これらの施設に勤める保育士は、親にとって最も身近な専門職である。保育士は子どもたちと日中の生活をともにし、子どもの毎日の状態や様子を把握できるため、日々の成長や変化もキャッチできる。また親ともかかわる機会が多く、日々のやりとりを通して信頼関係を築きやすい。保育士は、子どもとその親の最も身近で、深い理解が可能な支援者としての役割を期待されており、それに応えるよう努めなければならない。

保育所保育指針の第4章では、「子育て支援」を掲げ、保育所の特性を生かした子育て支援をすることとしている。

具体的には、保護者との信頼関係を基本に、保護者の自己決定を尊重することや保育士のもつ保育や子育てに関する専門知識や技術を生かして支援すること、また、地域の関係機関との連携や協働を図りながら保育所全体の体制構築に努めることとしている。

(3) 地域で子育てに取り組む親への支援を行う専門職として

地域では、子育てに悩みを抱えながらも誰にも相談できず、人知れず悩み孤立を深めている母親も少なからず存在している。とくに保育所や認定こども園などへの入所・入園をしていない子どもを育てる母親たちは身近に子育てを支える者がおらず、孤立を深め育児不安が増大してしまうリスクも大きい。そのため、保育所や認定こども園などは地域住民に広く開放し、地域で子育てをしている保護者からの相談に積極的に対応する体制をつくり、その存在を地域社会にPRしていかなければならない。そして保育士は、地域で子育てをする親に積極的にかかわり、親の悩みに耳を傾け必要に応じた支援をしていくことが期待されている。また、地域の状況に応じて、子育て支援のネットワークづくりや子育てサークルなどの創設やサポートなど、安心して子育てができる地域の環境づくりにも積極的に取り組んでいく役割も担っている。

(4) 地域で生じている子育て問題の代弁者として

保育士は、児童福祉施設や地域における日々の子育て支援活動を通して、地域で取り組む必要性のある問題や課題を把握することができる立場にある。たとえば、子どもの一時預かりをする施設や、病後児の保育をする施設が地域に不足しているといった問題や、子どもが安心して遊べる場がないなど、さまざまな地域の子育て環境に関する不安・不満や悩みの声を耳にする機会

が多い。そのような親の声を地域の民生委員児童委員・主任児童委員などと協力して地域の子育て家庭の意見として集約し、行政などに伝えるという意見具申の役割も担っている。

2 保育所における家庭への支援

(1) 生活をとおした日常的なかかわり

　保育所（幼稚園や認定こども園なども含む）等は、子どもたちが日中の生活を営む場である。子どもたちは、配慮された環境のもとで、同年齢や近い年齢の子どもたちと一緒に、専門性を有する保育者に見守られながら毎日を過ごしている。そして保育者は、日々の送迎等で保護者と日常的に接する機会を得ることができる。子どもたちとともに生活の一部を過ごす保育者が、子どもの姿やかかわり方の理解をふまえ、日常的に具体的な子育て支援を行える点は、保育所等における入所児童への子育て支援の特性であり、最大のメリットである。

連絡帳

　保育所等において、保育者と保護者とをつなぐ重要なアイテムが、連絡帳である。特に低年齢児では、家庭と園での生活との連続性が心身の安定につながるため、互いの情報交換は欠かせない。また、園での様子を十分に自分の言葉で伝えることが難しい乳幼児期に、連絡帳をとおして保育者が子どもの様子を伝えることは、保護者の安心や子ども理解を育む重要な子育て支援となる。つまり連絡帳は、「保育者と保護者が互いに子どもの育ちを確認しながら、ともに喜び合うもの」、そして「保育者が保護者の子育ての悩みや心配を受け止め、子ども理解とかかわりのポイントを示唆していくもの」なのである。

おたより・参観・懇談会等

　保育所等では、保育者が定期的に行うクラスだよりの作成や参観、懇談会がある。保育者はこれらの機会をとおして、園での子どもの姿や保育内容を保護者に伝えると同時に、子育てについての共通理解が深まる工夫をしている。

　連絡帳は、保護者と保育者の一対一の関係を基本としているのに対し、クラスだよりや参観、懇談会等では、乳幼児期の一般的な発達の姿や育てたいと願う姿、保育のエピソードや望ましい保育方法等を伝えることが中心とな

る。これらの内容は、どうしても近視眼的に子どもをとらえてしまいがちな保護者に対して、視野を広くし客観的な視点を与え、子どもの姿や自らの子育てについて、新しい気づきをもたらす。また、保護者が保育者の思いを理解することで、子育ての協力関係がつくられるのである。

送迎時のかかわり

　保育者と保護者の信頼関係は、日々交わされるやりとりの積み重ねによって築かれる。送迎時のわずかな時間は、保護者への子育て支援のゴールデンタイムともいえる。

　まず、家庭での生活と園での生活を伝え合うことで、保護者との会話が生まれる。保育者は、会話によって子どもの様子を知るだけでなく、家庭の様子や保護者自身の情報も得ることができるため、適切な支援が行いやすくなる。保護者にとっても、話しやすい雰囲気があれば、育児の悩みなども尋ねやすくなる。さらに、保育者が親子のかかわりを直接観察できることで、支援すべき子育ての課題や具体的な方法が理解しやすくなる。そして、保育者が同じ場にいることで、保護者に子どもの思いを代弁して伝えたり、適切なかかわり方をモデルとして示したりすることができる。

　このように送迎時を有意義な時間とするためには、気持ちのよい挨拶と笑顔で接することが基本である。ある保育所入所児童の保護者は、「朝は遅刻しないかと焦り、夕方は一日の疲れでぐったりとして保育所に来るのだが、保育者の笑顔と声かけで気持ちがリセットされ、子どもに明るい表情で接することができた」と語っていた。また「仕事などで嫌なことがあっても、保育者との何気ない会話で、気持ちが晴れた」との声もある。家庭での子育てを支えるためには、保育所等が、保護者にとってもほっとできる場であることが大切であり、だからこそ保育者の日々のかかわりが重要となってくる。

(2) 育ちを支える継続的なかかわり

　乳幼児期は、子どもが生涯発達の基礎をつくると同時に、保護者がその子の親として成長し、親子関係を結んでいく時期でもある。両者の成長を継続的に支援していくことができる点も、保育所等における入所児童への子育て支援の特性といえるだろう。

第3章　多様な支援の展開と関係機関との連携

> **事　例**　親子の育ちに寄り添って
>
> 　2歳児クラスのA子の母親は、いつもおだやかにA子の様子を見ている。1年前の入所当初には、登園時に母親から離れることができず、A子の母親も不安が強い状態であった。保育者は、母親の不安を受け止めながら、一方でA子との信頼関係を築いていった。その後、A子が喜んで登園するようになり、母親もおだやかになっていった。しかし最近、自己主張が強くなったA子は、「〜したい」という要求やこだわりが多くなり、母親を困らせているようだ。A子の要求をすべて受け入れようとしてとまどう母親に、保育者は「A子ちゃんの思いは大切だけど、ちゃんと納得する力もあるんですよ」と声をかけ、A子に丁寧に話をした。A子が気持ちを切り替える姿を見て、母親は「私は、受容することを違うふうに理解していたようです」と語った。

　この事例では、入所当初の課題を保育者とともに乗り越えた親子が、新たな課題に直面している。子どもの甘えや要求を受容することが大事だと考えてきた母親にとって、思いを受け止めながら異なる方法を提案していくかかわり方は驚きであったようである。親子の関係は、子どもの成長に合わせて変化していくものである。乳幼児期の子どもと保護者に、継続的にかかわることができる保育所等での支援は、一つひとつのステップをともに歩みながら、保護者に子育ての自信を育んでいくことができるのである。

> **事　例**　少しずつ育まれていく信頼感
>
> 　5歳児クラスのB男は、2年前に発達障害という診断を受けた。当時、両親はB男の障害を受け入れることができず、保育士からのアドバイスにも過敏に反応し、拒否的な態度が目立っていた。保育所では、B男が生活しやすい環境や対応を工夫し、職員が連携をとりながらB男への個別的なかかわりを続けた。両親との関係にあまり変化はなかったが、ともに成長を喜び合いたいという願いをもちながら、B男の保育所での様子を詳細に伝え、B男の得意なことなどを肯定的に伝えるようにした。最近少しずつではあるが、母親から家庭での様子を伝えてきたり、「どうしたらよいか」と尋ねたりすることが増えてきた。

　この事例では、性急に結果を求めず、保育所でできることをしっかりと継続していくことで、保護者に変化をもたらしている。ともにB男の育ちを見守る関係ができてきたことは、今後のB男の子育てにも重要な意味をもつ。

このように、すぐに解決しがたい困難な課題であっても、保育所等で継続的に支援していくことで、少しずつ道が開けてくる場合が多い。たとえば虐待が疑われる家庭の場合でも、保育所等における"日々の子どもの育ちを伝えるなかで子どもへの愛情や理解を育むこと"と、"保護者を温かく見守るなかで親としての自信を高めること"の継続的支援が重要な意味をもつ。

保育者は、日常的なかかわりの質を高めるとともに、継続的な視点をもってかかわることが大切である。また、園として継続的なかかわりを行うためには、園内での職員の共通理解や担任保育者への丁寧な引継ぎが重要となってくる。

(3) 保育者と保護者の関係づくり

保育者は、保護者の子育てのパートナーであるといわれる。ここまで、保育者が入所児童の保育をとおして、日常的に保護者にかかわることによって、入所児童の子育て支援を行っていることを述べた。保育者も保護者も、ともに子どもを愛し、子どもの発達と幸せを願っている。しかしそのことだけで自然にパートナーとしての関係が築けるわけではない。多くの場合、保育者の意図的なかかわりが必要となってくる。

保護者のなかには、子育ては家庭で行うものであり、保育者には口出ししてほしくないと考えている人もいる。ともに子育てを考える関係になるためには、まず保護者から、「子どもを大切にしてくれる人」「子どものことをよく理解している人」であると信頼されなくてはいけない。子どもの保育が子育て支援の基本となるのである。

また、子育てのパートナーであるためには、保護者にとって、保育者が対等な関係にあるという実感が必要である。一方保育者は、子育ての主体が保護者であることを忘れず、保護者自身が気づき、考え、行動することを基本として、かかわる必要がある。たとえば、次のような関係はどうだろうか？

・毎朝遅刻してくる保護者に、早く登園してほしいと要求する保育者。
・園で甘えが強い子どもの様子を伝え、家庭でもっとかかわってほしいと話す保育者。
・保護者の意向も確かめず、具体的な保育の方法や考え方を教えようとする保育者。
・トイレットトレーニングの話をしても、家庭ではおむつをはずしたくないので、園で行ってほしいと頼む保護者。

相手の立場や状況に思いを寄せることなく指示する保育者の態度や子育て

の主体として保護者が位置づいていない状況から、真のパートナー関係ではないと気づくだろう。この状況を調整していくのは、保護者ではなく保育者である。保育者は保護者の立場や思いなどに心を寄せ、保護者を受容すると同時に、保護者自身が主体的に子育てに取り組もうとする意識を育てなくてはならない。そのためには、普段から、一人ひとりの保護者に応じた声かけを行い、保育者に心を開いてもらうことが大切である。そして、そのような保護者との関係ができれば、ともに子育てを行う者として、多少のトラブルがあっても乗り越えていけるのである。

(4) 保護者同士の関係づくり

乳幼児をもつ保護者へのアンケート調査などで、子育ての情報源や支援者として、家族、保育者と同様にあげられるのが「友人」である。特に低年齢児の母親は子どもの年齢が近い親同士の交流を望んでおり、いわゆる「ママ友」の存在が重要なようである。同じ経験をしているからこそ、互いの立場を理解し、助け合う関係ができやすい。保育所等においても、保護者同士をつなぎ、ともに子育てを考える関係づくりに努めている。

前節で述べた保護者懇談会やクラスだよりの活用のほか、保育参加などで、保護者とクラスの子どもとのかかわりを広げることにより、「Aちゃんのママ・パパ」というように保護者同士の親近感につなげていくなど、意図的な取り組みも有効である。また、行事などでは、無理のない範囲で保護者の参加や役割分担を依頼し、保護者同士の関係づくりを支援している。

> **事例** 盛り上がりをみせる「父親の会」
>
> E幼稚園では、数名の父親の提案をもとに、「父親の会」を立ち上げることになった。保護者会での提案は了承されたものの、父親の会への参加者は10名程度。参加者は忙しい仕事を調整して園に集まり、園長や職員と相談しながら、親子で参加できる行事を企画した。企画を重ねるごとに、行事への参加者も増え、父親の会のメンバーも増えていった。父親たちは「子育てについて、父親同士語り合える場ができてよかった」「他の子どもや家族とかかわることで、子育てが楽しくなった」と語る。父親の会としての活動も盛り上がり、もっとできることはないかと活気づいている。

最近は父親の育児参加が増え、保育所等の送迎や行事などでも、父親の参

加が多くなっている。しかし父親同士のつながりは少なく、事例のような父親の会に参加することで、はじめて父親同士が子育てについて語り合う機会をもつことが多い。実際、父親が積極的に育児に参加しようとしたとき、母親以上に、悩みを分かち合う人やかかわりのモデルになる人物がいないことも事実である。園がバックアップしながら、父親同士の関係をつくることによって、父親の子育て力が高まり、母親と協力しながら家庭の子育て力を高めていくことが期待されている。

(5) 地域との連携

　地域で暮らす子どもたちが健やかに育ち、保護者が安心して子育てを行うためには、地域の子育て家庭に対する温かいまなざしが必要である。保育所等では、園行事として地域のさまざまな人との交流を図り、子どもたちの人間関係を育むと同時に、地域における子どもへの関心を高め、育児環境の向上に努めている。

> **事例** 地域で見守る子どもの育ち
>
> 　F保育所では、運動会や生活発表会などの行事に近隣の町内会の高齢者を招いている。毎年多くの方が参加され、終了後には園でゆっくりと歓談していかれる。今年の生活発表会後、それぞれに感想を述べられるなかに、「あの年長の女の子、おととしには緊張して泣いていた子だよね。去年も心配して見てたんだけど、やっぱり緊張してて……でも今年は、あんなに堂々とセリフを言えてうれしかった」と語ってくださった方があった。職員ですら、最初は誰のことかわからなかったが、思い起こすとG子のことだとわかった。地域の方が、年に数回しか会わない子どものことを気にかけて、成長をともに喜んでくださっていることに、職員はみんなうれしい気持ちになった。
>
> 　別の日、今度は園児の保護者からうれしい話を聞いた。障害のあるH男が買い物中の店でパニックになり、大声で叫んでしまったそうである。周囲からの冷たい視線にうつむく母親のところへ老夫婦が近づき、「この子は今すごく困っているんですよね。でも少しずつ落ち着こうとしているんですよね」と声をかけてきた。母親がほっとするのと同時に、H男も落ち着きはじめた。母親が老夫婦に尋ねると、「保育所でH男君を見たとき、先生方が話しておられたんですよ」と答えてくれたそうで、本当にうれしかったと母親は語った。

　地域に子どもの成長を温かく見守る人が増えると、子育てもしやすくなる。

特に障害のある子どもの場合、その子の行動を周囲が理解してかかわることが大切であり、理解者が増えれば生活しやすくなる。保育所等における地域との連携は、子育て家庭への支援を広げる貴重な機会である。

3 地域の子育て家庭への支援

　現代の社会では、核家族化が進むなかで子育てに祖父母の協力が得られなくなっていたり、地域のつながりが弱くなり地域の人たちの協力が得られにくかったり、あるいは気軽に不安や悩みをうち明けられる友人や知人が身近にいなかったりといった現状がある。

　このような現状を踏まえ、保育所のもっている機能、つまり子育てに関する専門性や子どもとその親が集まる特性、安全に遊べる場所などを活用し、地域に働きかけていくことが求められている。

(1) 親子遊びの教室

　今、子どもを育てている親のなかには、上手に子どもを遊ばせたり、子どもと遊んだりすることができない人が多い。また、同年代の子どもをもつ親の知りあいがいないことも多い。このような状態にある親たちにとって、そして子どもにとっても、楽しい遊びを知ることができ、遊びを知るなかで子どもとのかかわり方を学び、そして同年代の子どもをもつ親たちと出会える有効な機会となるのが、親子遊びの教室である。

　保育所は、保育に欠ける子どもを遊びを通して保育することがもっとも主要な業務である。そういった意味では、子どもが遊ぶノウハウや子どもと遊びを通してかかわるノウハウをもっている。また、子どもが遊ぶための遊具などもそろっている。保育所だからこそ、できる教室といえる。

事例 地域の親子のための遊び方教室

【目的】
① 育児不安の軽減をはかり、育児を楽しめるようにすること。
② 子どもと親が遊びを通じてかかわりあえる機会を提供するとともに、子どもと親が楽しくふれあえる方法を教えることで、親子のよりよい関係を築き、子どもの発達を促すこと。

③　子育てをしている母親同士が出会える場を提供すること。

【留意事項】
①　楽しい雰囲気で親子のふれあいをもてるようにする。
②　親と子が向かいあい、身体に触れたり抱いたりたりして、親子のスキンシップを十分に感じられるようにする。
③　家庭でも継続して遊べるような遊びを題材にする。

【対象】
42組の親子を5つのグループに分けた。
　Aグループ　母親の平均年齢31.9歳　幼児の平均年齢2.5歳
　　　　　　　男児5名　女児5名
　Bグループ　母親の平均年齢31.7歳　幼児の平均年齢2.7歳
　　　　　　　男児4名　女児5名
　Cグループ　母親の平均年齢34.2歳　幼児の平均年齢1.8歳
　　　　　　　男児6名　女児2名
　Dグループ　母親の平均年齢31.8歳　幼児の平均年齢2.1歳
　　　　　　　男児5名　女児3名
　Eグループ　母親の平均年齢32.6歳　幼児の平均年齢2.3歳
　　　　　　　男児3名　女児4名

【時間・場所】
　時間　10：30～12：00　　場所　保育所内の空き部屋

【方法・内容】
　月2回の開催で全24回（1年間）。あらかじめ遊びのプログラムを作成し、プログラムにしたがって進めた。

【プログラムの一例】

第 1 回	第 2 回	第 3 回	第 4 回	第 5 回
準　備				
開会式	挨　拶			
自己紹介	シ　ー　ル　貼　り			
シール貼り	出　席　確　認			
オリエンテーション	手　遊　び・歌　遊　び			
手遊び・歌遊び	親子による身体のふれあい遊び			
グループディスカッション（おやつを食べながらの話しあい※）				
次　回　の　予　告				

【親子のための遊び方教室に参加した親の主な感想・意見】
○安心して教室に参加できた。
○家庭ではそばにいる子どものことをみなければならないという思いにとらわれ、子どもを連れて外に出るにも気を使っていた。
○同じような月年齢の子どもをもつ母親が集まる機会を得られたことで、何かほっとした気持ちになった。
○親子ともにいろいろな人に出会い、子どもにも自分にも友人ができた。
○子どもが他の子どもとはじめて出会い、どのようにかかわるかを客観的にみることができた。また、他の親と子がふれあっている姿を見て、自分の育児に役立てることができた。
○これまでの子どもとの関係や子どもとのふれあいの仕方を改めて振り返る機会を得られた。

遊び方を学習する

　この教室では、留意点として「家庭でも継続して遊べるような遊びを題材にする」ことをあげており、家に帰って子どもと一緒に遊べる、手遊びや歌遊び、ふれあい遊びを中心に行っている。

　「物質的に豊かになり、必要なものが何でもそろう」「核家族化が進み、祖父母から生活におけるさまざまな知恵を学ぶことができない」「生活環境が変わり、体験的な学習の機会が著しく減少した」「学校では40人の児童・生徒が机に座り、先生の授業を黙って聞く一斉画一授業を受けてきた」など、さまざまな原因があるが、とにかく最近の子育て家庭の親、若者は「応用する力」が弱いといわれることがある。

　そのようななかで、たとえば公園が整備されたとしても、そこに遊具がなければ、子どもを遊ばせることができないなど、子どもの遊ばせ方、子ども

との遊び方にとまどいをみせる親が増えてきている。

　このような親が多いなかで、家でも遊べる遊びを具体的に楽しみながら学べる機会があることは、非常に意義深いことであるといえる。このように親子で遊びを通して楽しい時間を共有することで、親子関係はよいものになっていく。今後も、このような活動を継続していくことが望まれる。

井戸端会議の場の提供と親同士の友だちづくりの機会の提供

　グループディスカッションでは、母親たちが集まり、日頃考えていることや思っていること、悩みなどをおやつを食べながら楽しい雰囲気のなかで気軽に話しあうことができ、自分の言いたいことを声に出して言える貴重な機会となった。また、子どもの月年齢が近いこともあり、親にとっても友だちづくりの場となったという点でも、親子のための遊び方教室が果たした役割は大きかったといえる。

　親子のための遊び方教室で知りあった親たちが、日頃から集まっていろいろなことを話しあい、サポートしあう関係になれるよう、保育所としても集まる場や機会を提供するなど、継続的な支援を行い、ゆくゆくは自分たちだけで集まれるような関係に発展させていくことが今後の課題といえる。

(2) 子育てミニレクチャー

　育児に関する情報が氾濫し、どれが正しい方法かわかりにくくなっているなかで、「自分たちの子育てが果たしてこれでよいのか」と悩んでいる親も多い。

　そこで、自分が行っている子育てを振り返り、考える場を提供することは、子育てに悩み、苦しんでいる親だけでなく、子育てをしているすべての親に必要である。

事例 ミニレクチャー

【日時・講演のテーマおよび内容】
① 〈6月下旬〉食と栄養について―好き嫌いをなくす―　講師：管理栄養士
② 〈7月中旬〉薬の飲ませ方　講師：薬剤師
③ 〈7月下旬〉感染症の予防　講師：小児科医
④ 〈10月下旬〉育児不安の解消方法　講師：精神科医
⑤ 〈11月中旬〉障害のある子どもへの支援　講師：発達障害児担当教員
○講座の共通テーマ「子育ての方法について」

○「遊び方教室」の参加者がグループディスカッションを行うなかで、具体的な支援サポートとして、専門家による講師を依頼して講座（ミニレクチャー）を行う。最初に親子遊びを行い、楽しく遊んだ後に円座になりディスカッション、およびミニレクチャーを行う。
○活動中に、次回のミニレクチャーの内容について説明を行う。
【場所】
保育所の空き部屋
【対象】
地域に住んでいる子育て中の母親および育児に携わっている家族
妊娠中の母親
【参加者】
　42組の親子（兄姉を含む）　合計　85名（うち妊娠中2名）
【講演後のアンケート結果】
○専門家の先生による具体的な子育て支援についての話が聞けてよかった。
○小さい子どもを連れてわざわざ講習を受けにいくのは大変である。このように子どもと遊ぶなかで、専門家の話を聞けるのはとてもありがたい。
○子育てしていると自分が暗くなる。気分転換に参加してよかった。
○兄弟姉妹を一緒に連れて参加できてよかった。
○遊びと講話がうまくかみ合って、親も子どもも楽しく参加できた。
○現在2人目を妊娠中。出産後「2人の子どもを育てる」ことに向けて、参考になることが多かった。

地域に向けた子育て支援の役割

　アンケートの結果から、保育所から地域に出向きかかわりをもつことが、子育て支援においては重要であることがうかがえた。保育所に通える親子の場合は、保育士等による子育て支援が可能であるが、実際には何らかの理由で保育所に通えない親子が大勢いる。出前講座は、このような保育所に通えない親子の支援にもつながり、育児不安を深刻化させないための新たな取り組みとして必要であると考えられる。
　ところで出前講座には、第2子出産後、日々子育てに追われている母親の参加が予想以上に多かった。母親が第1子である兄姉たちを一緒に連れ出す機会が少なくなることで、家のなかで遊ぶことを強いられ、体を使った外遊びができずにいる、遊びが制限される等、子どもたちにもストレスが生じている場合がある。このことから、きょうだいも同時に連れて行ける場所等を提供することも大切であることがうかがえた。

また母親によっては、出かける際の準備や、子どもと荷物を抱えて外出すること自体が負担となりストレスの原因になるといった理由で、外出を控えているという意見もあった。今回の出前講座は自宅近隣で、すぐ出かけられる場所であることや、きょうだいも連れて気楽に集まれる環境等が準備され、講話や遊びの活動があったことが子育て支援に役立ったといえよう。

保育所の役割

　保育所保育指針では、保育所は保育に支障がない限りにおいて、地域の実情や保育所の体制を踏まえ、地域の子育て支援を積極的に行うよう求められている。このことは保育所に対して、子育て支援にむけた、柔軟な取り組みを指示していると受け取れる。たとえば前述の出前講座では、保育所という枠にとらわれず、地域と連携することで、地域の社会資源である小児科医や精神科医を講師に招き専門的な講座を開く一方、気軽にでかけ、子どもを連れて遊ばせながら相談できる環境をつくっている。

　子育て支援では、育児に悩む人に向けた、本来の子育て支援を考慮に入れたサービス提供が必要である。親子が孤立しないよう保育の情報を提供できる環境をつくり、保育所を中心とするネットワークづくりを視野に入れて支援方法を考慮することも、進めていくべき子育て支援の取り組みであろう。

(3) 保育所や幼稚園の園庭開放

　保育所や幼稚園に通っていない子どもとその家族を対象に、安全な遊び場を提供するとともに、年齢の近い子ども同士の交流を促し、さらには子育てをしている親同士のかかわりをつくることなどを目的に、園庭を定期的に開放する保育所や幼稚園が増えている。また、園庭開放時には、保育士が子どもを見てくれたり、親のちょっとした相談にのってくれたりもする。

　園庭開放時には保育所や幼稚園に通っていない家族がたくさん集まり、子どもは子ども同士で自由に遊び、親は親同士で、あるいは保育士を交えて情報交換などをしている。

事例　親子の遊びを通じて

　30歳代前半の母親が2歳のT子を連れて園庭解放に遊びに来た。その日は室内の壁画をお花一杯にするという制作活動だった。親子は個々で気に入った色画用紙とクレヨンをもって描き出したが、しばらくすると、この親子がもめだした。

T子はピンク色の画用紙に青色や水色、緑色のお花を大きく描いた。それを見た母親は、「なぜお花を青色や緑色で描いたの？　お花はピンクや赤色でしょ」とT子に尋ねた。するとT子は「これがいい」と、水色の花を描き続けた。それでも母親は、「違うでしょ、お花は赤やピンクや黄色で描くのよ」と、赤色のクレヨンをT子にもたせたが、T子はクレヨンを投げ、さらには画用紙を破りだした。それを見た母親は、「気に入らないことがあると、いつもこうなんだから。本当に困った子。みんな静かにきれいに描いているでしょう」とT子のことをとがめ、親子の間に不穏な空気が漂った。

　この場面を見ていた保育士は、T子が破ったなかにある水色の花を取り出し、「これを壁に貼ってお花を咲かせようか。先生がはさみでお花を切っていい？」と、花を切り取ってT子にもたせた。そして、母親の描いていた花を見て、「お母さんのお花ではどれが一番好き？　これを1つもらおうか？」と子どもに声をかけ、母親には「お母さん、1つ頂いていいですか？」と赤色の花を1つ切り取り、T子の水色の花と一緒に並べた。それまで機嫌の悪かったT子はそれを見て、「私の、お母さんの」と指さした。

　保育士は大きな模造紙を壁に貼り、他の親子にも声をかけ、子どもたちが描いた花と、親たちの描いた花をそれぞれ切り取り、みんなのお花畑を作った。そこには固定観念にとらわれない、親子が一緒に、自由に描いたお花畑が出来上がった。

最適な環境

　近年、都市部では子どもが安全に遊べる環境が少なくなってきている。その一方で、過疎地では公園に行っても年齢の近い子どもとなかなか出会えないなど、それぞれ、子どもにとって満足のいく遊びができにくい状況にある。また、人口移動が激しいことなどもあり、子どもを育てている親なども近隣に知りあい・友人がいないなどの状況もみられる。

　そうしたなかで保育所や幼稚園は都市部にとっても過疎地にとっても最適な環境といえる。つまり、園庭がしっかり区切られ、就学前の子どもが興味をもち、また安全に遊べる遊具がそろい、さらには年齢の近い子どもが集まってくるからである。そして、子どもを連れてやってくる親にとっても、出会いの場となり、年齢の近い子どもをもつ者同士で、悩みを共有できる場となったり、その他にもいろいろな悩みなどを語りあえる場となったりもする。したがって、保育所や幼稚園に通っていない子ども、親が同じような境遇にある者たちと気軽に出会える場として非常に有効な場となる。

　しかし、現状では園庭開放の日が、週1日や月に1日に限られているとこ

ろもあり、さらには雨天の場合は開放を中止するというところもあるようである。今以上に園庭開放が進み、多くの子どもや親が利用できるような環境を整えていくことが課題のひとつといえよう。

保育士は親のモデル

　園庭の開放時には保育士が付き添い、子どもの相手をし、親の相談にものる。保育士は子どもの保育の専門家であり、子どもの遊びを引き出し、その遊びを発展させるための知識や技術をもっている。また、事例のような子ども同士のけんかの仲裁などの技術も日頃の経験のなかで獲得している。したがって、保育士が園庭開放に付き添い、子どもとかかわる姿を親にみせること、それだけで十分に親にとって育児のモデルになりうると考えられる。

　また、このようなことを重ねるうちに、親は保育士に対して信頼感をもつようになり、自らの相談をもちかけたりするようにもなる。園庭開放は保育所や幼稚園の機能を地域に活かしていく第一歩の取り組みといえよう。

ペアレントトレーニング

　ペアレントトレーニングはアメリカUCLA神経精神医学研究所のハンス・ミラーが考案したものであり、現在、日本でも改良され、肥前方式・奈良方式が用いられている。

　たとえば、軽度発達障害のある子どもにしてほしくない行動をされたとき、子どもをしかってしまい、親子の関係が悪くなりストレスを抱えるという悪循環の繰り返しを避けるために、親に向けた対処法の訓練として提供されている。

　基本として、望ましくない行動は無視し、できない行動には手助けし、できるようになった行動をほめるという考え方を実践していく。

4　子ども虐待のある家庭への支援

(1)　子ども虐待とは

　「虐待」は英語で「abuse」といい、この単語にはたとえば「drug abuse」（薬物乱用）のように、物事を本来の使用方法とは異なるやり方で「乱用する、誤用する」という意味がある。

　つまり、子どもに対する虐待である「child abuse」は「おとなが自分のために子どもを利用（乱用）する」行為全般を指し、いらいらを解消するために子どもに暴力を加えた場合などが当てはまる。この点で、虐待は一般的な

「しつけ」とは明確に区別することができる。

(2) 子ども虐待に関する法律

　日本における子ども虐待*¹に関する法律の移り変わりは表3−1のとおりである。虐待といえば、欧米での実践・研究が進んでいるイメージがあるが、実は1933（昭和8）年に日本で世界に先駆けて「（旧）児童虐待防止法」が制定されている。ただし、この法律で想定されていた虐待とは、子どもに過酷な労働をさせるなど、子どもが貧困の犠牲になることを禁じた内容であった。その後、その内容を盛り込んだ形で、1947（同22）年に「児童福祉法」が制定され、（旧）児童虐待防止法は廃止された。
　2000（平成12）年、子ども虐待が深刻化するなか、その対策・予防のために「児童虐待の防止等に関する法律」（以下「児童虐待防止法」）が制定され、その後2回の大きな改正が行われている。2004（同16）年の改正では、同居人による子どもへの虐待を見て見ぬふりをすることを「行為の放置」として虐待の一種とすることや、母親が父親から暴力を受けるようなDV（ドメスティックバイオレンス）場面の目撃は子どもにとって間接的な被害に相当することなどが盛り込まれた。2007（同19）年の改正では、虐待の通報があった際の子どもの安全確認のための立ち入り調査の強化や、それに従わない場合の罰金額の引き上げなどが行われた。

＊1　子ども虐待
法律では「児童虐待」と表記され、この「児童」は満18歳に満たない者を指す。しかし、一般的に「児童」という場合、「小学生」を指すことも多いため、対象の子どもの年齢層をイメージしやすいよう、近年、「子ども虐待」と表記されることが多くなっている。本書においても、法律・制度などの用語は「児童虐待」、その他は「子ども虐待」と表記する。

(3) 子ども虐待の分類

　児童虐待防止法第2条では「児童虐待」が定義づけられており、表3−2のように定義されている。
　「虐待」とは狭義には「身体的虐待」と「性的虐待」、つまり子どもに対して具体的に不適切な行為を行うことを指す。子どもに対してすべきケアを行わない「ネグレクト」とは区別してとらえ、子どもに対する不適切なかかわり全般を「マルトリートメント」（maltreatment）と呼んでいる。

表3−1　子ども虐待に関する法律

1933（昭和8）年	（旧）児童虐待防止法＜世界に先駆けて＞
1947（昭和22）年	児童福祉法制定＜1948年4月施行＞
2000（平成12）年	児童虐待の防止等に関する法律（児童虐待防止法）制定＜同年11月施行＞
2004（平成16）年	児童虐待防止法改正（「行為の放置」の追加等）＜同年10月以降順次施行＞
2007（平成19）年	児童虐待防止法改正（立入調査の強化等）＜2008年4月施行＞

表3-2　「児童虐待」の種類と内容

①身体的虐待
・殴る、蹴るなどして打撲傷や骨折を負わせる
・たばこの火を押しつけ火傷させる
・首を絞める、激しく揺さぶる、熱湯をかける
・冬の戸外に閉め出す　など
②性的虐待
・子どもへの性交、性的暴行、性的行為の強要
・性器を触る、触らせる
・性器や性交を見せる
・ポルノグラフィーの被写体にする　など
③ネグレクト
・乳幼児を家や車に閉じ込める、家に残したままたびたび外出する
・病気になっても医療を受けさせない、教育を受けさせない
・適切な食事や清潔な衣服を与えない　など
④心理的虐待
・言葉による脅かし、脅迫
・子どもを無視したり、拒否的な態度を示す
・子どもの心を傷つけたり、他のきょうだいと著しく差別的な扱いをする
・配偶者などに対し暴力を振るう　など

資料：厚生労働省：子ども虐待対応の手引き（平成21年3月31日改正版）を参考に筆者作成

(4) 虐待されている子どもにみられる特徴

普段の集団生活で「気になる子ども」のなかに、表3-3のような特徴を示す子どもはいないだろうか。これらの特徴には、保護者の多忙さや子どもの発達の遅れによるととらえられがちなものも含まれているが、「虐待のサイン」という視点からとらえ直してみることで対応の可能性が広がるケースがあるかもしれない。

(5) 保育者としての子ども虐待への対応

保護者を理解する姿勢

子どもの発達を援助する保育者にとって、保護者に対してさまざまな情報提供をしたり、時には話し相手になりながら、家庭での子育て機能が十分に発揮されるようにするかかわりも重要な専門性のひとつといえる。

子ども虐待の事例に直面したときに、虐待されている子どもの味方になることは当然であるが、子どもを守ろうとするあまり虐待をしてしまう保護者に対して否定的な感情が湧いてきて、冷静に対応できなくなることもあるか

表3-3　虐待されている子どもの特徴

【身体的な特徴】
・体重の増加がない。 ・不自然な外傷（打撲・あざ・火傷）が常時、あるいは時々みられる。 ・おしりがいつもただれていて、同じ服装で何日も過ごすなど清潔感がない。また、季節にそぐわない服や薄汚れた服を着たり、他のきょうだいの服と極端に違っていたりする。
【行動上の特徴】
・語りかけられても表情が乏しく、笑わない、視線があわない。 ・給食のとき、食欲がなかったり、何回もおかわりをすることがある（過食）。 ・些細なことに反応し、感情の起伏が激しく、パニックを起こしやすい。 ・嘘をつき通そうとし、自分を守ろうとする。 ・ものに執着する。 ・おもちゃなどを集めて人に貸さない。また、友だちや保育園のものを隠したり、鞄に入れたりする。
【対人関係における特徴】
・用がなくても保育士のそばを離れたがらず、べたべたと甘えてくる。 ・親が迎えに来ても無視して帰りたがらない。 ・わざわざ怒らせるような振る舞いをする（叱られてもコミュニケーションをとろうとする）。 ・いらいら感、不安感があり、いつも情緒が不安定である。 ・自分に対して自信がなく、いつもおどおどしている。 ・家で虐待されているストレスから、弱い者へ暴力を振るう。 ・人なつっつこい、抱っこを求めてやまない（底なしの愛情欲求）。 ・こだわりが強い。

資料：保育と虐待対応事例研究会編『子ども虐待と保育園』ひとなる書房　2004年
　　　pp.16-17をもとに作成

もしれない。しかし、虐待をする保護者は自らがうつ病などの精神疾患を抱えていたり、子ども時代に受けた虐待の後遺症に悩んでいたり、経済的な困難を抱えている場合も多く、子育てに関して最も援助を必要としている対象でもある。このような状態から抜け出したいと思っている保護者の身近な支え手としての保育者の役割は重要である。

連携の大切さ

　虐待への対応は、子どもの担当者のみが問題を抱え込むことなく、園全体、さらには地域のさまざまな専門家や機関と連携することが不可欠である。

　2004（平成16）年の「児童虐待の防止等に関する法律」の改正により、虐待の早期発見に向けて、通告対象が「虐待を受けた児童」から「虐待を受けたと思われる児童」となり、いわゆる「グレーゾーン」や「あやしいケース」なども相談しやすい規定となった。

　また、通告先は「児童相談所」のみであったものが「市町村」も通告先に加わった（図3-1）。また、市町村の体制強化を図るために「要保護児童

図3－1 地域における子ども虐待防止システム

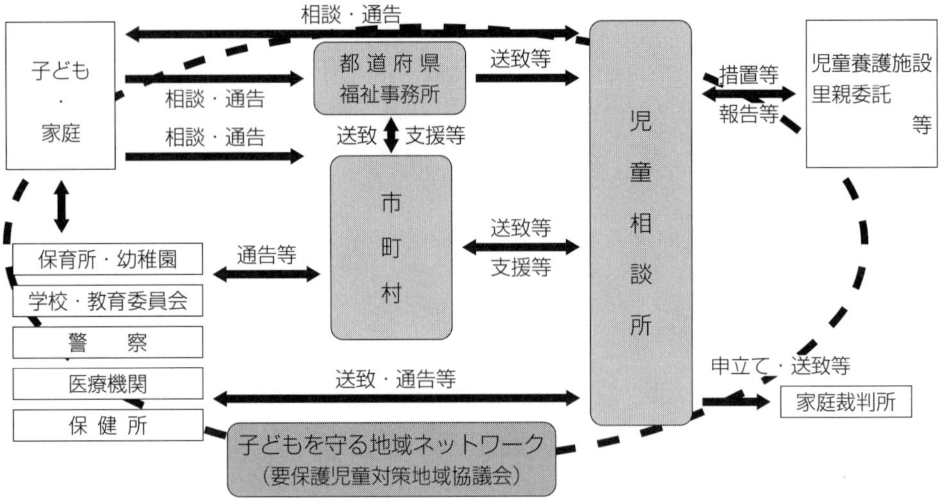

資料：厚生労働省『政策レポート 児童虐待の現状とこれに対する取組』平成20年
http://www.mhlw.go.jp/seisaku/20.html（2014年7月7日閲覧）

対策地域協議会」（子どもを守る地域ネットワーク）が法定化され、市町村に設置されている。

集団の場での対応

　先に述べたように、虐待への対応は他職種の連携が重要であるが、子どもと日常生活をともにする保育者であるからこそできる対応にはどのようなものがあるだろうか。

　虐待に苦しんでいる子どもや虐待してしまう保護者には、専門的な個別カウンセリングが必要なケースも多い。しかし、集団生活の場である保育所等では、一人の保護者に対して常に一対一で対応を継続することは困難である。

　しかし、保育者は普段の保育や保護者会などの機会を通じて、全体に対してさまざまなメッセージを発信することのできる存在でもある。保護者同士が子育ての不安や困難について共有できる場を設けることなどで、予防的な役割を担うことができる。

　また、子どもに対しても、たとえば「嫌なことをされたら『いや！』と言おう」「我慢しなくてもいいんだ」ということなどを子どもの年齢に応じた形で伝えたりすることで、早期に虐待の芽を摘むこともできるのではないだろうか。

5 障害のある子どもの家庭への支援

(1) 障害児支援の発展

　障害児福祉の経過をたどると、1947（昭和22）年、児童福祉法の制定により、精神薄弱児施設（1998（平成10）年より知的障害児施設）、療育施設（肢体不自由児施設、虚弱児施設、盲ろうあ児施設）が法律に位置づけられた。その後、支援費制度により、障害児の在宅サービスが契約制度となり、2006（同18）年に施行された障害者自立支援法（現：障害者総合支援法）により施設サービスも契約制度となった。

　なお、これまで障害児を対象とした施設・事業については、施設系は「児童福祉法」、児童デイサービスは「障害者自立支援法」に基づき、サービスの提供が行われてきた。しかし、2010（平成22）年の法改正により、根拠法が「児童福祉法」に一本化された。また、そのサービス内容も、障害種別に提供されていたものが、「障害児通所支援」「障害児入所支援」の利用形態別へとそれぞれ一元化された（2012（平成24）年4月施行）。

(2) 保育所における障害児支援

　2012（平成24）年の厚生労働省通知「保育所に入所している障害のある児童が障害児通所支援を受ける場合の取扱いについて」では、以下のように述べられている。

> 　保育所入所児童であって、当該児童が障害を有しているため、障害児支援利用計画及び個別支援計画（以下「障害児支援利用計画等」という。）に基づき、障害児通所支援を受ける必要がある場合には、保育所に入所していることが障害児通所支援を受けることを妨げるものではないこと。
> 　なお、この場合にあっては、保育所と障害児通所支援事業所において、障害の状況等に合わせた一貫した支援を提供すること等が重要であることから、保育所の保育内容を踏まえた障害児支援利用計画等にするとともに、保育所と障害児通所支援事業所の担当者間で十分連携して取り組むなど、児童にとって効果的なものになるよう配慮すること。

(3) 早期発見と早期療育に向けた支援

　障害の早期の発見にはまず、乳幼児健診、保健所、保健センター、子育て支援センターや障害児等療育支援事業等から経由されてくる事例に対し、早期に対応すること、また、診断のつきにくい発達障害児への対応や発達のつまずきについて身近な場所で気軽にアクセスし相談できるよう、行政が諸々の関連情報を提供し、支援との距離感を縮める必要がある。また、個々の発達レベルや障害特性を理解し、専門的支援と有機的に結びつけて対応することが求められる。

　また、家族支援を行うためには、❶精神的援助と子育て支援、それらを通じて家族・保護者が障害の理解と受容を進められるようにすること、❷あわせて、兄弟姉妹への支援を行い、家族機能の維持を図ること、❸福祉的、経済的支援にかかわる場合や、医療的支援（リハビリテーション）についても、児童デイサービス事業所は親と専門家と連携して取り組むこと、❹保護者自身がエンパワメントできるような、個別相談、勉強会などの実施に努めること、❺毎日の通園における母子通園から母子分離への促しなど手法はさまざまだが、保護者に見通しを示して合意のもとに進めることが大事である。

(4) 発達障害のある子どもの家庭への支援

発達障害者支援法

　発達障害の明確な定義と理解の促進、地域における一貫した支援の確立などを目的とした発達障害者支援法が2004（平成16）年12月に成立、翌年4月から施行された。同法では、その目的および「発達障害」の定義、基本理念を以下のように示している。

発達障害者支援法の目的と発達障害の定義、基本理念

（目的）
第1条　この法律は、発達障害者の心理機能の適正な発達及び円滑な社会生活の促進のために発達障害の症状の発現後できるだけ早期に発達支援を行うとともに、切れ目なく発達障害者の支援を行うことが特に重要であることに鑑み、障害者基本法(昭和四十五年法律第八十四号) の基本的な理念にのっとり、発達障害者が基本的人権を享有する個人としての尊厳にふさわしい日常生活又は社会生活を営むことができるよう、発達障害を早期に発見し、発達支援を行うことに関する国及び地方公共団体の責務を明らかにするとともに、学校教育における発達障害者への支援、発達障害者の就労の支援、発達障害者支援センターの指定等について定めることにより、発達障害者の自立及び社会参加のためのその生活全般にわたる支援を図り、もって

> 全ての国民が、障害の有無によって分け隔てられることなく、相互に人格と個性を尊重し合いながら共生する社会の実現に資することを目的とする。
> （定義）
> 第2条　この法律において「発達障害」とは、自閉症、アスペルガー症候群その他の広汎性発達障害、学習障害、注意欠陥多動性障害その他これに類する脳機能の障害であってその症状が通常低年齢において発現するものとして政令で定めるものをいう。
> 2　この法律において「発達障害者」とは、発達障害がある者であって発達障害及び社会的障壁により日常生活又は社会生活に制限を受けるものをいい、「発達障害児」とは、発達障害者のうち十八歳未満のものをいう。
> 3　この法律において「社会的障壁」とは、発達障害がある者にとって日常生活又は社会生活を営む上で障壁となるような社会における事物、制度、慣行、観念その他一切のものをいう。
> 4　この法律において「発達支援」とは、発達障害者に対し、その心理機能の適正な発達を支援し、及び円滑な社会生活を促進するため行う個々の発達障害者の特性に対応した医療的、福祉的及び教育的援助をいう。
> （基本理念）
> 第2条の2　発達障害者の支援は、全ての発達障害者が社会参加の機会が確保されること及びどこで誰と生活するかについての選択の機会が確保され、地域社会において他の人々と共生することを妨げられないことを旨として、行われなければならない。
> 2　発達障害者の支援は、社会的障壁の除去に資することを旨として、行われなければならない。
> 3　発達障害者の支援は、個々の発達障害者の性別、年齢、障害の状態及び生活の実態に応じて、かつ、医療、保健、福祉、教育、労働等に関する業務を行う関係機関及び民間団体相互の緊密な連携の下に、その意思決定の支援に配慮しつつ、切れ目なく行われなければならない。

　さらに、第3条では、国および地方公共団体の責務を、そして第4条では、国民の責務にまで言及している。
　第2章では児童の発達障害の早期発見および発達障害者の支援のための施策（第5〜13条）について定めている。そのなかで、児童の発達障害の早期発見・早期支援（第5・6条）、保育・教育・放課後児童健全育成事業の利用・就労・地域生活（第7〜11条）といった、あらゆる場面での支援や権利擁護・家族への支援を地方公共団体や社会全体に要請する（第12・13条）。

発達障害への気づき・配慮

　発達障害は、脳機能の発達が関係する生まれつきの障害である。発達障害のある人は、コミュニケーションや対人関係を構築することが苦手である。また、その行動や態度は「自分勝手」とか「変人」「困った人」と誤解され、敬遠されることも少なくない。それが、親の躾や教育の問題ではなく、脳機能の障害によるものであることが理解されれば、周囲の人の対応も違ってく

る。

　集団の場面では、年齢相応の発達からみると、すごく得意な分野がある反面、極端に苦手な分野があるなど、気になる子どもをみかける。そのような子どもの行動には、何か理由があるのかもと気遣うことが必要になってきている。子どもに生活しづらい何かがあるならば、その子どもを取り巻く環境をよく観察することが必要である。子どもへの対応も工夫して環境を整えることで、問題と思われていた行動を軽減することができるかもしれない。また、虐待などの家庭環境の問題や身体疾患などの病気も、気になる行動の原因となり得る。

　また、保育所などの集団行動のなかでみられる、発達障害の乳幼児期全般の特徴として、次のようなことがあげられる。

- ・おもちゃを使って遊ぼうとしない。
- ・少しでも濡れると着替えずにはいられない。
- ・理由もなく怒り出す。
- ・会話が成り立たない。
- ・同年代の子どもと遊ばない。
- ・動きが活発で危なっかしい。
- ・言葉が3歳までに出ない。オウム返しが多かったり、変わった受け答えをする。
- ・自分のペースを乱されると癇癪をおこす。
- ・ひとりで遊ぶことを好み、周りと遊ばない。
- ・ごっこ遊びが苦手。
- ・ものを並べたり、回転させたりなど意味のない動作や行動に執着して繰り返す。
- ・特定の刺激（痛みなど）に敏感、または鈍感である。
- ・特定のものを必要以上に怖がる。または特定のものに必要以上に執着する。

発達障害児およびその家庭への支援

　障害児についての相談・指導などの施策は、行政機関によるものと、国の助成を受けての民間ベースで行うものとがある。児童福祉の第一線の機関である児童相談所では、児童とその保護者からの相談に応じ、必要な調査、判定を行うとともに、助言指導、施設入所などの措置を講じている。また、保健所では、障害児が医療その他の適切な措置をできるだけ早い時期に受け、早期に残有能力を回復し、独立時期に必要な能力をもつことができるよう、医師による療育指導が行われている。

個別支援による集団への適応

　発達障害の支援に対しては、個々の個別支援プログラムの立案、行事等の集団活動をとおしての本人の様子を観察すること、個別支援と集団支援の活動の違いからみえる子どもの様子、支援者のかかわり、必要とされる療育内容の点検を行うこと、また専門的支援が必要な場合に、障害児等療育支援事業、発達障害者支援センター等を活用するなど集団活動の適応のための助言指導を受けながら進めることが求められる。

　保育所に通っている場合には、就学に向けての個別に移行支援をプログラムすること、支援のバトンタッチがスムーズに進むよう、療育や発達を支援するための連携会議等が必要となる。

地域の支援システム

　地域の支援システムをつくるには、❶就学後の発達障害児の生活を見通した地域のネットワークを形成すること、❷子どもを取り囲む関係機関（保健師、保育所、幼稚園、障害児等療育支援事業、児童相談所、子育て支援センター、ことばの教室、教育機関、医療機関、行政等）とのつながりと信頼関係を構築すること、❸機関間、職種間、官民間、役割間などの縦割りの関係を排除して支援内容と連携協働する役割を構築すること、❹定期的な発達支援のための会議を構築するとともに必要な場合は個別の支援事例を自己で検討する会議をもつことが必要である。

発達障害者支援センター

　発達障害者支援センターは、発達障害者支援法に定められている、発達障害児（者）への支援を総合的に行うことを目的とした専門機関である。都道府県・指定都市自らまたは、都道府県知事等が指定した社会福祉法人、特定非営利活動法人等が運営している。そこでは、発達障害児（者）とその家族が豊かな地域生活を送れるように、保健、医療、福祉、教育、労働などの関係機関と連携し、地域における総合的な支援ネットワークを構築しながら発達障害児（者）とその家族からのさまざまな相談に応じ、指導と助言を行っている。ただし、人口規模、面積、交通アクセス、既存の地域資源の有無や自治体自身の発達障害者支援体制の整備状況になどによって、各センターの事業内容には地域規制がある。

【初出一覧】
■第1節　赤瀬川修「子育て家庭の課題―家庭と仕事の両立」白幡久美子編『改訂　保育士をめざす人の家庭支援』みらい　2017年　pp.43－45
■第2節　石動瑞代「保育所入所児童等の子育て家庭への支援」上田衛編『保育と家庭

支援』みらい　2013年　pp.148－156
■第3節　千葉千恵美「地域に開かれた保育者」白幡久美子編『改訂保育をめざす人の家庭支援』みらい　2017年　pp.126－134
■第4節　土永葉子「子ども虐待への保育者の支援」上田衛編『保育と家庭支援』みらい　2013年　pp.178－180／183・184／186－188
■第5節　上田衛「障がいのある子どもをもつ家庭および社会への支援」上田衛編『保育と家庭支援』みらい　2013年　pp.196－200／203－206

【引用文献】
1）増田雅暢『これでいいのか少子化対策　政策過程からみる今後の課題』ミネルヴァ書房　2008年

【参考文献】
榊原洋一・今井和子編著『今求められる質の高い乳児保育の実践と子育て支援』ミネルヴァ書房　2006年
鯨岡峻・鯨岡和子『保育のためのエピソード記述入門』ミネルヴァ書房　2007年
Benesse教育研究開発センター「第3回子育て生活基本調査報告書（幼児版）」2008年
Benesse次世代研究所「第4回幼児の生活アンケート報告書」2011年
本間博彰・小野善郎編『子ども虐待と関連する精神障害』（子どもの診療シリーズ5）中山書店　2008年
春原由紀・土屋葉『保育者は幼児虐待にどうかかわるか—実態調査にみる苦悩と対応—』大月書店　2004年
サリー・J・クーパー（森田ゆり監訳、砂川真澄訳）『「ノー」をいえる子どもに—CAP／子どもが暴力から自分を守るための教育プログラム—』童話館出版　1995年
社会福祉士養成講座編集委員会編『新・社会福祉士養成講座6　相談援助の基盤と専門職第2版』中央法規出版　2010年
社会福祉士養成講座編集委員会編『新・社会福祉士養成講座7　相談援助の理論と方法Ⅰ第2版』中央法規出版　2010年

第4章 保育士の行う子育て支援の展開

第4章
保育士の行う子育て支援の展開

1　支援の展開過程と支援の組み立て

(1) 支援の展開過程

　支援の展開過程については、主にその対象が保護者であるため、子どもへの保育を展開するための保育課程や指導計画とは異なる。基本的には、生活モデル*1に基づく日常生活上の問題の解決に用いられる相談援助（ソーシャルワーク）の展開過程を援用しながら支援を展開することになる。ここでは理論的な枠組みを簡単に概説する。

　支援の展開過程は以下のとおりである（図4－1）。

①インテーク（受理面接）

　ここでは、第一に保育者は保護者の話を傾聴して、そのニーズを的確に把握することが重要である。保護者がありのままに表現することができるように支援し、この過程をとおして保護者は現状を整理したり洞察を得て、ニーズを明確化していく。また、保育者との信頼関係を築き、それらを基盤とし

*1　生活モデル
生活モデルとは、問題がクライエント自身にあると考えるのではなく、その人とまわりの環境の相互作用の調和が崩れたところに問題が発生するという立場に立って支援を展開する考え方である。ちなみに病気を治すというような、治療的な問題解決の方法を医学モデルという。

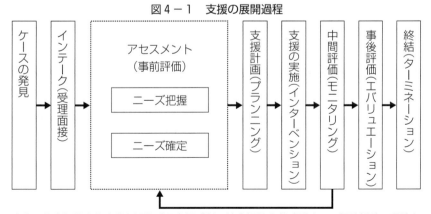

図4－1　支援の展開過程

出典：社会福祉士養成講座編集委員会編『新・社会福祉士養成講座7　相談援助の理論と方法Ⅰ　第2版』中央法規出版　2010年　p.94を一部改変

たかかわりを続けていくためにも重要な場面である。

第二に、支援目標を明確にしながら、保育者とともに解決していくということを確認する「契約」や「同意」を行い、問題解決に向けての取り組みがはじまる。

②アセスメント（事前評価）

インテーク時に収集した情報と、さらに問題を解決するために必要な情報を関係者の情報などからも収集して、問題の全体像を把握して評価する。

③プランニング（支援計画）

アセスメントに基づいて、具体的な支援のプランを立てる。どのような目標を設定し、どのような方法で、どのぐらいの期間で働きかけていけばよいのかをセットで考えることが必要である。ここで重要なのは、保護者との協働作業として、アセスメントもプランニングも行うことであり、抽象的な支援目標は避け、現実可能な、エンパワメントされうる目標を設定することである。

④インターベンション（支援の実施）

設定された目標に向かって、プランニングに基づいて実行していく段階である。

⑤モニタリング（中間評価）

支援の過程にあって、それまでの支援や働きかけが、どの程度機能しているのか、効果をあげているのかを評価する。これによって、目標設定やプログラムは妥当であるか、働きかけ方は適正であるか、環境と保護者の相互影響過程は機能的に進んでいるか、その速度は本人や関係者と同調しているか、などを見極める。

必要であれば、再アセスメントを行って支援のプランの立て直しを図る。絶えず「モニタリング→アセスメント→インターベンション→モニタリング」を繰り返し、さらなる目標を検討しながら、より効率的で現実的な支援を展開していく。

⑥エバリュエーション（事後評価）、ターミネーション（終結）

これまでの支援過程が、有効であったかどうかを総合的に分析する過程である。支援の対象としていた問題が解決した場合には、解決過程と残された問題について確認し、必要であれば他の機関や施設でどのように解決できるのかを明確化する。問題解決の評価、とりわけ保護者やその周囲にあの人々の達成感を強調し、終結とする。

(2) 生活の時間軸に沿った支援の組み立て

　支援の展開過程において強調しておきたいことは、「支援目標」「支援方法」「支援期間」をセットで考えることの重要性である（図4-2）。
　これは、この3つの要素の相互関係のなかで、調整しつつ、現実的な支援計画を立てるためである。支援期間を特定して計画を立てる過程で、緊急、短期、中期、長期というように、当面の見通しはどうなるか、季節の変わり目や1年後、あるいは2～3年後にはどのような目標まで到達したいのかについて見通しをもつことの大切さ。さらに、その計画についての承認を得ながら、保護者との行動計画の共有を図ることである。
　どんなによい支援目標を立てたとしても、また、それが保育者と保護者にとって望ましいものであったとしても、その実現までに数十年かかるものであっては現実的ではない。さらに、「問題を解決するのは保護者自身である」という視点に立ったとき、より現実的な目標を立て、保護者自身が何に向かって取り組んでいるのかを認識していることが大切である。そのためには、目標に向かっての課題を、保護者が対処しやすいサイズに調整し、本人の力量に見合った大きさの課題に切り分けてステップを踏むように問題解決の方向性を見出すことが必要である。
　たとえば、長期的な支援目標が「育児不安の軽減」であるなら、直近の支援目標は現実的で対処可能なことを定める。この場合、「通える子育て支援センターを探す」「利用のための手続きを知る」「夫とこれからのことを話し合う」というように、そのために必要な期間と主体的に取り組むことができる支援内容（方法）を検討する。
　問題解決の見通しをもった支援を展開していくために、支援課題をいくつかに分けて生活時間の軸に沿った支援計画（支援の流れ）を立案する視点をもつことである（図4-3）。区切った時間軸のなかでは抽象的な支援目標は避け、取り組むべき課題を明らかにすることが、ケース検討や他機関・職

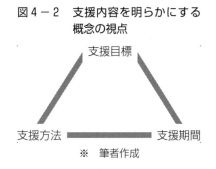

図4-2　支援内容を明らかにする概念の視点

※　筆者作成

図4-3 問題解決の時間軸に沿った支援の組み立て

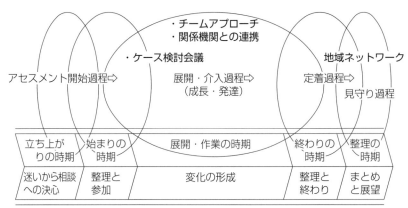

出典：窪田暁子「生活問題の時間軸」および岡村正幸『はじめての相談理論』かもがわ出版 2001年 p.69の概念をもとに筆者作成

種との連携を有効にしていく。漠然とした支援目標に向かっての支援はあまり意味をもたないことが多い。生活時間軸のなかで区切った支援の積み上げ方式をとることで、問題への見通しがもてるのである。

2 支援の計画

(1) 支援計画の必要性

　支援計画（プランニング）とは、支援の過程において、アセスメントによって明らかになった子どもや保護者（家族）の生活課題やニーズに対して、支援目標を設定し、具体的かつ有効的な支援内容や方法を計画立てていくものである。
　これまで保育士は支援計画を作成して子どもや保護者を援助することは少なかった。しかし、子どもを取り巻く環境の変化により、相談援助の専門職として新たな子育て支援の役割が求められている。この新たな役割を具体的に実施していく過程において、保育士には相談援助における技術が必要と

なってくる。

そこで、子育て支援を具体的かつ有効的に展開していく過程において、不可欠となる支援計画の作成について、なぜ支援計画が必要なのか、誰のために必要なのか、支援計画はどのように作成するのかについて理解していく。

(2) 支援計画の意義と視点

近年の保育を取り巻く環境

近年、子どもたちを取り巻く環境は大きく変化し、同時に保育所や児童養護施設などの児童福祉施設に求められる役割も変化してきている。児童家庭支援センターや、市町村が実施主体となって運営する子育て支援センターなど、児童福祉施設と家庭を結びつける施設が新設され、さまざまな背景や環境のもとで生活する子どもたちへの「安全・安心な環境」としての児童福祉施設づくりが求められている。

また、これらの施設で直接子どもたちとかかわりをもつ保育士に求められる役割も変化し、「子どもと家庭」「家庭と児童福祉施設」を結びつける、いわゆる「相談支援者」としての新たな役割が求められるようになった。

つまり、近年の保育を取り巻くニーズの多様化により、児童福祉施設のひとつである保育所の保育士にも、今日の保育所での保育を適切かつ効果的に展開していくうえで、保護者を中心とした家族との関係形成が重要となってきているのである。したがって、従来から保育所で作成されている「月案・週案・日案等」に加え、「家庭への支援計画」の作成が必要となっている。

そこで、保育士がどのような視点に立って支援計画を作成していくのか、支援計画を作成する際のポイントについて次に解説する。

支援計画作成の意義

近年の家族構造の変化に伴い、核家族化で三世代世帯が減少し、子どもをもつ保護者が、自らの親世代に身近で気軽に子育ての相談ができず、1人で子育ての悩みを抱えやすい現状となっている。そのような保護者にとっては、日ごろから利用している保育所が子育ての相談をしやすい場所となる。保育所を利用する保護者のなかには、子育てがはじめての方もいる。日々成長・発達していく子どものさまざまな姿に喜びを感じる一方、予想しない子どもの言動に対して、子どもとどのように向き合い、かかわればよいのか、戸惑い悩んでいる。そのような子育てにかかわるさまざまな悩みや問題をより身近な立場で相談に乗り、解決の糸口を一緒になって考えてくれる存在が保育所の保育士である。したがって、保育所利用のニーズがますます高まる今日、

保育士が家庭支援を重視し、具体的な支援を展開していくために支援計画の作成が求められているのである。

支援計画作成の視点

　支援計画を作成するうえで大切にしなければならないのは、保育所での面接や家庭訪問で得られた子どもや保護者の真のニーズを支援計画に反映することである。いうまでもなく、支援計画とは、子どもや保護者が抱えている生活課題を解決するために作成するものである。

　しかし、子どもや保護者の真のニーズといっても、子どもの視点に立ったニーズもあれば、保護者にとっての育児上のニーズもあり、ニーズは複数・複雑にあることから、どの（誰の）ニーズを優先的に反映していくのかは相談支援者としての保育士の力量にかかってくる。

　近年では、共働き家庭の増加や保育所利用における待機児童数の増加などの社会状況から保護者のニーズを優先した保育サービスの展開が行われるケースもあれば、子ども一人ひとりがもつ些細なニーズを重視したものなど、多様化したニーズに対応していかなければならない。しかし、相談支援者としての保育士は、児童福祉の理念である、子どもの最善の利益を支援計画に反映していく基本的姿勢が重要である。

(3) 支援計画の作成方法

　支援計画の作成時には、子どもや保護者の真の生活課題やニーズを把握し、正確なアセスメントを行ったうえで、それらを解決するにあたっての支援目標を設定し、支援目標を具現化するために必要な支援内容や方法を選定していく。

支援目標の設定

　相談支援の過程において、アセスメントによって明らかになった子どもや保護者の生活課題やニーズに対して支援目標を設定する。

　支援目標とは、子どもや保護者の生活課題やニーズを解決するにあたって、望ましい結果を想定して目標設定を行うものであるが、あくまでも目標設定が可能なものを設定することが重要である。

　支援目標は、子どもや保護者の生活課題やニーズに対して、緊急的な援助から短期的な支援、そして長期的な展望に立った支援まで、生活課題やニーズの緊急度や支援期間によって多様な目標設定となる。緊急度が高い場合には支援計画を作成している間もなく、早急に何らかの手段での介入が優先される場合があるが、具体的かつ有効的な支援を展開するためには、支援の目

的・目標を明確にした支援計画の作成が重要である。

また、忘れてはならないのは、その支援目標は子どもや保護者との話し合いのなかで進められ、彼らが納得した支援目標でなければならないことである。

(4) 支援内容と方法の決定

支援目標が設定された後、その目標を具体的かつ有効的に具現化していくために支援内容と方法を決定する。支援内容と方法を決定するうえで重要なことは、生活課題やニーズと子どもや保護者を取り巻くさまざまな社会資源を有効的に結びつけて支援目標の具現化を図ることである。そのためには、地域に存在するさまざまな社会資源の種類や量、質について、相談支援者である保育士は日ごろから十分に把握しておかなければならない。保育所における保育サービスだけでなく、ほかの社会福祉の制度や施策について理解しておくとともに、地域の関係団体、協力団体との密接な関係づくりが支援計画作成においては不可欠な要素となってくる。また、地域の社会資源の現状について最新の情報を収集することも重要である。生活課題やニーズの緊急度が高い場合は、早急の介入が必要となるため、どこの、誰に支援を依頼すれば迅速な対応が可能になるか、その手段や方法の選定が求められるからである。

(5) カンファレンス

カンファレンス（ケースカンファレンス、ケース会議などともいう）とは、支援にかかわる関係者が支援を行う過程のなかで、情報を共有したり、支援方針や目標を検討したり、支援の進捗状況を確認するために行われる会議のことである。特に支援計画作成の際には、支援にかかわる各分野の専門職がアセスメント等で得られた情報を共有し、専門的な視点から効果的な支援内容を検討し、支援目標を定めていく重要な会議となる。

カンファレンスを開催する際は、関係者の参加が得られやすいよう早めに場所や時間を通知するとともに、当日の会議がスムーズに運営できるように議題、検討事項、関係資料などを事前に送付し、目をとおしておくよう依頼する。なお、資料に個人情報等が含まれる場合は厳重に取り扱いするよう注意しておく。

カンファレンスには、可能な限り当事者にも参加してもらい、当事者の思いや願いを反映させながら、支援目標や支援内容の同意を得ることが原則で

ある。もし、参加が叶わない場合でも、後日、カンファレンスの内容をていねいに説明し、支援計画の同意を得てから支援を開始する。ただし、命にかかわるような緊急を要する場合はこの限りではなく、直ちに介入し、安全を確保する。

支援が開始された後のカンファレンス開催頻度は、施設内の職員だけの場合は必要に応じて随時開催し、他機関の専門職や関係者を招集する場合には、ケースにもよるが最低でも3か月に1度程度は進捗状況の確認も含めて開催することが望まれる。なお、緊急を要する場合などは、電話連絡等別の手段を用いて対応する。

モニタリング期間のカンファレンスで、当事者に変化が報告された場合や問題の状況が改善されない、もしくは悪化した場合には、改めてアセスメントをして支援計画を見直すなどの判断を行う。

3 支援の記録

(1) 記録の目的と意味

記録は、支援活動を行う職員間や他機関との情報共有を円滑に行うため、また支援過程のデータを蓄積し、適切な支援を実践するための資料として作成されるものである。

記録によって、支援に携わる複数の職員や関係機関がより正確に必要な情報を共有することができ、子どもの発達状況を把握し、保育士の対応の結果（影響・効果・課題）を確認することができる。また、「記録する」という行為そのものが相談支援者の自己覚知を促す手段でもあり、ケーススタディやケースカンファレンス、スーパービジョン[*2]のような職員研修のための資料にもなる。

さらに、記録は公的活動としての適切さを示し、相談支援における「説明責任」を果たすうえでも重要な意味をもつ。

(2) 記録の種類

運営管理の記録

運営管理の記録には、入所（利用）児童の名簿、参加（出席）記録、連絡・引き継ぎの記録、会議録等がある。

---

*2 スーパービジョン
保育・福祉の現場において、専門家としての資質を向上させるために行われるトレーニング方法。多くの場合、経験の浅い職員に対して、教育・支持・監督の目的で行われる面接等によって提供される活動を指す。

名簿は入退所に合わせて書き換えられ、常に最新のものが用意される。参加（出席）記録は、特定のプログラム等に対して、「誰」が参加する（した）かを記録する。個々の参加状況を把握すると同時に、常に「誰」が「そのとき」の活動の対象者であるのかを明確にするために必要であり、災害等の突発的な出来事のときには、保護すべき「対象」を特定して安否確認するために用いられる重要な資料である。

連絡・引き継ぎの記録は、業務を行ううえでの必要な情報を確実に伝える資料で、定時の引き継ぎ（打ち合わせ）での報告や予定の確認等が記録される。会議録は、職員会議・担当者会議等園内会議の内容を記録する。

実践記録

実践記録には、保育日誌（養護日誌）等の保育（養護）業務の記録、子どもの個別記録、ファミリーソーシャルワーク[*3]の記録、行事・プログラム等の記録等がある。

保育日誌（養護日誌）は、担当クラス（グループ）に対して保育士が行った業務内容が、1日ごとにクラス（グループ）の記録として記載される。

子どもの個別記録は、一人ひとりの「育成記録」として保管されるもので、健康状態、参加（体験）した行事・プログラム、発達の状況や日常の様子を示すエピソード等がまとめられている。

ファミリーソーシャルワークの記録は、子どもと家族との交流状況、職員による家族との面接・相談の経過、児童相談所等の関係機関との連絡・報告・協議等を記録するものである。ここでいう支援の記録もこれにあたる。

行事・プログラムの記録は、活動ごとに実施計画や実施報告として記録され、活動の目的・実施計画・実施状況・参加児童の状況・活動のふりかえり・今後の課題等が記載される。

ケース理解を深めるための記録

支援を要する子どもや家族の現状を理解し、支援方針を検討したり、社会資源を探ったりするのに有効な記録の方法として、「ジェノグラム」と「エコマップ」がある。これらは相談者（子どもや保護者）の家族関係や家族と社会資源との関係を視覚的に表現するものである（図4－4、5）。

*3 ファミリーソーシャルワーク
家族への援助も含めた援助活動。子どもと家族との関係調整、家族が抱える生活課題や養育上の課題への援助など。

(3) 記録の書き方と取り扱いの注意点

記録は、公的資料としての保存に適した方法で作成されなければならない。手書きの場合は、定められた記録用紙を用い、黒ペン（ボールペン）で記入する。記入ミスには二重線で訂正のうえ、訂正印を押し、修正液・テープを

図4-4 ジェノグラムの記入例

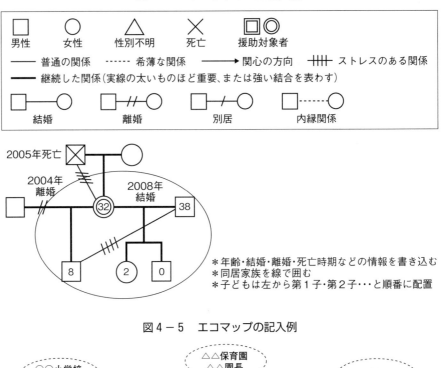

図4-5 エコマップの記入例

施設・機関名	所在地	電話番号	利用できる資源(サービス)	利用時間帯	予約有無	担当者名
△△保育園	○○市××町	×××-××××	保育・相談援助	8:00-19:00	無	△△
□□児童相談所	××市○○町	○○○-○○○○	緊急一時保護	24H	有	□□
母子生活支援施設○○寮	○○市△△町	△△△-△△△△	ショートステイ・育児相談	24H	有	○○
児童委員 ○○氏	○○市××町	□□□-□□□□	家庭訪問・見守り		無	

使用しないことが原則である。

パソコンでの記録作成も、定められたフォーマットを用いてデータ入力を行う。コンピュータによる記録の作成は利便性が高いが、電子記録は万が一のデータ破損にも備えてバックアップをとっておく。また守秘義務の観点からも、パスワードの設定、閲覧者の限定等の管理上のルールが必要である。

作成された記録は鍵のかかる（施錠できる）所定の場所に保管し、職場外に持ち出さない。

（4） 記述スタイル

記述スタイルは、エピソードを記述する際の文体であり、「叙述体」「説明体」「要約体」の3つがある。「叙述体」は、記録者の解釈や説明を加えずに事実だけを記述するもので、面接場面等での言葉のやりとり（会話）を記述した「逐語記録」はこの「叙述体」に含まれる。

「説明体」は、事実とその事実に対する解釈や説明を加えて記述するもので、「要約体」は説明体の要点を整理してまとめたものである。

叙述体の例

> 登園時、保育士がAの額に傷があることに気づき、母親に尋ねたところ、「昨日、階段から落ちたときにぶつけたんですよ」と慌てたように説明し、「時間がないので」と行ってしまった。午睡前、Aの背中にもあざがあることに気づいた保育士が「このあざはどうしたの？」とAに尋ねたが「わからない」と答える。「階段から落ちたときにぶつけたの？」と重ねて問うが、Aはうつむき黙り込んでしまった。

説明体の例

> 登園時、保育士がAの額の傷に気づいて尋ねたところ、母親は昨日階段から落ちたためだと説明し、話を避けるように行ってしまった。母の態度に不自然さを感じたため、Aの様子に注意を払って観察していたところ、午睡時の着替えの際に、背中のあざを発見した。保育士がAに尋ねたが、Aは「わからない」と黙り込んでしまった。母子ともに何か隠すような不自然な態度のように思われ、Aの家庭状況が気がかりである。

要約体の例

> 登園時、母親はAの額の傷跡について、階段から落ちたと説明したが、午睡時には背中にもあざがあることを保育士が発見した。あざについてAに尋ねるが、Aは答えようとしない。母子の様子が不自然に感じられ、家庭状況が気がかりである。

（5） 記述の基本

記録は正確で客観性をもち、読み手に伝わる内容でなければならない。基本的には「いつ（When）」「どこで（Where）」「だれが（Who）」「何を（What）」「なぜ（Why）」「どのように（How）」のいわゆる5W1Hに、「だれに

(Whom)」「期間（How long）」「量（How much）」を加えた6W3Hを取り入れた記述であることが望ましく、逐語録として発言者の言葉をそのまま記述する以外は、文語（書き言葉）を用いて、俗語や省略された言葉は使わない。客観的事実とそれに対する考察との区別がわかるように記述されることも大切である。

たとえば、2人の子どもがおもちゃを取り合ってけんかになった場面を想定してみよう。

「登園後の自由遊びのとき、A君（4歳）がレールセットを広げて遊びはじめた。そこへB君（2歳）が、A君の組み立てた線路からパーツを外してもっていこうとしたため、A君が「ダメだろ！」とB君を制止したが、それでもB君が線路のパーツを手放さずにいたため、A君はB君をたたいて泣かせてしまった。2人のそばにいた保育士（私）が『A君たたかないで』と言うと、A君はふくれて線路を放り投げてしまった」。以上が「客観的事実」にあたる。

この場面について記録をした保育士は、「B君は、A君が線路をつなげている様子に興味をもち、自分も同じようにしたかったのだろう。しかし、2歳のB君には『貸して』『一緒にやろう』といった言葉によるコミュニケーションはまだ無理であり、結果的にいきなり線路に手をかけることになってしまったのだと思う。A君はせっかく組み立てた線路を台無しにされて、腹が立ったに違いない。B君が泣いてしまったので、思わずA君を責めるような声かけをしてしまったことで、A君はふくれてしまったのだろう。結果だけで物事を判断するのではなく、そこに至る過程を把握したうえで子どもに声をかけることが必要だった」とふりかえった。これが考察である。

また、ケーススタディや事例発表等、記録の使用目的に応じ、個人が特定されないよう仮名やイニシャルを用いて秘密保持を行うことも必要になる。

(6) 記録者の価値観・自己覚知

記録は多くの情報のなかから「必要」と判断された情報によって構成される。記録に残す情報の取捨選択は、記録者の判断に左右され、その情報の「何」に着目するかによっても記述の内容は異なってくる。ある情報が子どもの発達や支援過程に対し重要な意味をもつかどうか（記録するに値するかどうか）を判断するには、子どもや家族、ケースの進行状況に対する洞察・理解が必要である。また、特徴的な事象を取り上げようとするときに、マイナス要因にとらわれることが多くなりがちで、記録の内容が「問題行動」に終始

する結果とならないようにも注意したい。

　同時に、記録者は自身の内面的な変化にも着目し、自分はどのような意図をもって対応したのか、子どもや家族の言動をどのように理解していたのかといったふりかえりが必要である。つまり、記録作成をとおして保育者は常に自分の価値観や観察力を確認する作業を行うのである。

　支援活動に有効な記録とは、文章表現力のみならず、保育者としての専門知識・観察力・価値観・自己洞察がそろうことで完成される。

4　支援の実施と評価

(1)　支援の実施とは

　支援の過程で最も中心となる実践の部分を、「支援の実施」（インターベンション）という。保育者は主に保育の場において、子どもや保護者とのかかわりを進めていく。さらに、子どもや保護者を取り巻く環境（ほかの保育者や保護者、家族、地域住民、専門職といった人々。また、行政やさまざまな民間団体、施設など）へも必要な働きかけを行う。保育者のもつ知識や情報、コミュニケーション能力が実際に発揮される場面である。保育者が課題を解決するのではなく、子どもや保護者に寄り添って本人の思いを引き出しつつ、環境との間に入って豊かなつながりを生み出すことが保育者の役割といえる。地域で居場所があったり、適切なサービスを利用したりと、多様な形で支える体制があれば、子どもや保護者はそれぞれに自分らしい生活を送ることができるのである。

　支援の実施はもちろん、支援計画に沿って行われる。しかし、現実の状況は大いに変化し得るし、途中で新たな情報が得られる場合もある。そのため実際には、目標や計画を修正しながら実践を進めていくことになる。しかしそれは、その場の思いつきで変更を繰り返すという意味では決してない。普段からしっかりと記録を重ね、職場での報告や相談を行い、そして次に解説する評価の段階があってこそ、適切な軌道修正を行うことができるのである。

(2)　支援の評価とは

　支援の過程には、支援計画（プランニング）に向けての「事前評価」（アセスメント）、実践途中での「中間評価」（モニタリング）、実践後に行う「事

後評価」（エバリュエーション）といった評価がある。ここで取り上げるのは、「中間評価」と「事後評価」である。

そもそも世の中には、さまざまなタイプの評価がある。誰が評価をするかでみれば、本人が行う自己評価、他者が行う評価（第三者評価、利用者評価など）に分けられる。評価の目的でみても、何かを選ぶため（たとえば、レストランのランキング）、優劣をつけるため（たとえば、成績の5段階評定）、成長や成果を知るため（たとえば、水泳教室で毎月の達成度をチェック）などがある。いずれにしても、何らかの基準をもって物事を調べ、価値や意義を判断することが評価といえる。

ちなみに「PDCAサイクル」[*4]という言葉を聞いたことがあるだろうか。「Plan（計画）」→「Do（実施）」→「Check（評価）」→「Act（改善）」の循環のことだが、今日ではどのような仕事もこの循環でとらえ、一定期間ののちに評価を行うことが一般化している。子育て支援ももちろん同様であり、実践の途中や最後で立ち止まり客観的に事実や状況を確かめ評価することで、問題の改善や課題が明らかになるのである。

*4　PDCAサイクル
「計画、実施、評価、改善」の4つの段階を螺旋形（回転しながら上昇する形）で繰り返すことで、継続的に業務や品質が改善・向上するという考え方。もともと、品質管理の分野で生まれた概念だが、今日では幅広く用いられている。

(3)　評価の意味

子育て支援における評価は、個々の実践に生かすことが第一の目的である。だがさらに、評価には次のような意味もある。まず、保育者の成長にとって大きく役立つ点である。評価を行うときには、目標に対する対応やその根拠を考え、具体的なエピソードをあげることとなる。その自問自答の作業を通じて気づきが生まれ、保育者の成長が促される。

次に、評価が、保育者以外の人の視点を取り入れる機会となる点である。模索しながら日々の実践を進める保育者にとって、意見やアドバイスをもらうことは貴重である。評価の機会を、職場内外の人（同僚、管理職、その他の専門家など）とのカンファレンスやスーパービジョンとして発展させる場合もある。また、評価という場面は、保育者の側だけでなく、利用者（保護者）側の声を聴く機会としても意味がある。

(4)　評価の方法

子育て支援を客観的に調べて判断する「評価」とは、いったいどのように行うのであろうか。評価は、「評価項目」（評価の視点といえるもの）と「評価基準」（各項目における判断の目安になるもの）が基本的な形となる。た

とえば、「〇〇に対する利用者の満足度」という項目を、「非常に満足、やや満足、普通、やや不満足、非常に不満足」と5段階の基準で表す。その判断をするためには、根拠となる情報・データを集めておき、客観的に示すことが必要である。できる限りだれにでもわかりやすい形で、物事の違いや変化、効果を具体的に説明することが望ましい。

とはいえ、保育現場、子育て支援の現場で出会うのは、人々の個別的かつ複雑な日常生活である。測定可能な形式（たとえば、△△の回数が、2回から5回に増えた）で表現ができる場合にはぜひ用いたいが、実際には数値では説明できないことも多い。達成状況をいくつかの段階から選ぶ形式や、文章での記述・説明の形式が中心となるであろう。保育や福祉サービスの質が問われるなか、支援の過程や意味をきちんと説明できることが、ますます重視されている。

(5) 支援における評価の実際

支援の実施途中での評価（中間評価＝モニタリング）

支援の実施途中でのふりかえりや点検の作業を、「中間評価」（モニタリング）という。中間評価では、支援の過程を見直して、その段階における支援の効果や、途中で起きた変化を確かめることになる。すでに述べたように、計画に沿って実践を進める間にも、目の前の現実は変化していく。そうした変化を意識的にチェックしながら、支援を進める必要がある。

中間評価では、「支援計画で定めた目標や内容は適切か」「子どもや保護者等家族や環境に変化はあるか」「計画に沿って支援が行われているか」「新たな問題は起きていないか」などを確かめる。この評価をふまえて、再びアセスメントへとフィードバックされ、さらなる実践へと反映されていく。

中間評価の根拠としても、普段からきちんと記録をとり、具体的な支援内容やそこで気づいたこと、課題、保護者や子どもの様子などを記しておくことが欠かせない。

支援の終わりにおける評価（事後評価＝エバリュエーション）

支援期間の終わりの段階で総合的なふりかえりを行い、支援の結果や効果を明らかにする作業が「事後評価」（エバリュエーション）である。事後評価をもとに、支援をこのまま継続するのか、変更するのか、あるいは終結するのかという重要な判断をすることとなる。

事後評価では、「支援目標をいかに達成できたか」を確認することが、主要なポイントである。また、「支援により問題は解決したのか」「子どもや保

護者等家族は満足しているか」「支援は適切だったか」などを確かめるのだが、保育者はその過程や理由をきちんと説明できる必要がある。

　1つの課題が解決したとしても、実際にはその理由を単純にはとらえられないことは多い。たとえば、落ち着きのなかったある子どもが、保育所内で落ち着きを取り戻してきたとする。保育所での働きかけを工夫した成果という面もあるだろうが、そもそも家庭の経済状況がよくなったとか、両親の関係が改善したとかいう背景的な影響が大きいかも知れない。現実の世界は、目に見えにくい側面も含めて、さまざまな要素が絡み合い形成されている。それを十分理解して客観的な視点をもつ姿勢、評価に際してもできる限り具体的かつ明確に示すことのできる力が、プロとしての保育者には求められる。

5　関係機関・専門職との連携

(1)　連携の必要性

　多様化、複雑化する現代の生活課題は、社会福祉分野のみならず、保健分野、医療分野、教育分野、法律分野など他分野とのかかわりが生じる問題がほとんどである。そのため、社会福祉専門職（ソーシャルワーカー）のみの援助だけでは対応が困難な問題が多く、他機関、他職種との連携をとおして問題の解決を図ることが重要である。もちろん保育分野にとっても子育て支援を行うにあたっては同様のことがいえる。それぞれの機関や職種には、それぞれの機能や専門性があり、機能や専門性に応じて業務を行っている。それは1つの機関や職種では多様化、複雑化する問題に十分に対応することが困難な場合が多いためである。

　他職種連携は、社会福祉実践のさまざまな場面で行われている。社会福祉分野における主な相談援助専門職と職場には表4－1で提示するように、非常に多くの専門職が存在しているが、連携には大きく、同一機関・施設内における他職種連携と、他機関・他施設における同職種連携、他職種連携の3種類がある。

　これらの機関や専門職が相互に連携して、今日の複雑化した生活課題の解決をめざしていくことが求められている。

表4－1 社会福祉分野における主な相談援助専門職と職場

社会福祉の分野	相談援助専門職の主な職種	相談援助専門職の主な職場
低所得者福祉	査察指導員、現業員（ケースワーカー）、生活支援員、作業指導員、職業指導員など	福祉事務所、社会福祉協議会、救護施設、更生施設、医療保護施設、授産施設、宿所提供施設など
障害者福祉	身体障害者福祉司、知的障害者福祉司、更生相談所相談員（ケースワーカー）、生活支援員、作業指導員、職業指導員、職場適応援助者（ジョブコーチ）など	福祉事務所、身体障害者更生相談所、知的障害者更生相談所、精神保健福祉センター、社会福祉協議会、地域障害者職業センター、「障害者総合支援法」に規定される介護給付や訓練等給付、地域生活支援事業を行う事業所や施設、また施設入所支援、共同生活介護（ケアホーム）、共同生活援助（グループホーム）等を行う施設など
高齢者福祉	老人福祉指導主事、生活相談員（ソーシャルワーカー）、各機関のソーシャルワーカーなど	福祉事務所、社会福祉協議会、地域包括支援センター、養護老人ホーム、特別養護老人ホーム、軽費老人ホーム、老人デイサービスセンターなど
児童家庭福祉	保育士、児童福祉司、家庭児童福祉主事、児童指導員、職業指導員、児童自立支援専門員、家庭支援専門相談員（ファミリーソーシャルワーカー）など	保育所、児童相談所、福祉事務所（家庭児童相談所）、児童館、児童家庭支援センター、社会福祉協議会、児童養護施設、児童自立支援施設、障害児入所・通所支援を行う施設、児童心理治療施設など
母子福祉	母子指導員、母子自立支援員、少年指導員など	児童相談所、福祉事務所、社会福祉協議会、母子生活支援施設、母子福祉センターなど
医療福祉	医療ソーシャルワーカー（MSW）、精神科ソーシャルワーカー（PSW）など	福祉事務所、保健所、精神保健福祉センター、一般病院、専門病院、診療所、精神科病院、精神科診療所など
教育福祉	スクール（学校）ソーシャルワーカーなど	児童相談所、教育委員会、小学校、中学校、高等学校、特別支援学校など
司法福祉	家庭裁判所調査官、保護観察官、法務教官、婦人相談員など	児童相談所、家庭裁判所、保護観察所、婦人相談所、少年鑑別所、少年院、婦人保護施設など
地域福祉	福祉活動指導員、福祉活動専門員	社会福祉協議会など

出典：社会福祉士養成講座編集委員会編『新・社会福祉士養成講座6　相談援助の基盤と専門職　第2版』中央法規出版　2010年　p.179を一部改変

(2) チームアプローチ

　既述のとおり、現代の社会問題・生活課題は多様化、複雑化しており、1つの機関・職種だけでは対応できないほど問題が多く、他機関との連携、さらには他職種が連携し問題解決を図っていく必要がある。たとえば、保健・医療、教育などといった関連領域の専門職が連携し、情報を共有したうえで共通理解に基づいて援助を展開していく。そして、このような機関や専門職が1つのチームを形成し援助していくことを、チームアプローチという。チームのメンバーは、医師、看護師、保健師、保育士、作業療法士などさまざまであり、保健・医療、教育等それぞれの視点から問題を考えていくことで、多面的に利用者等をとらえることができる。チームアプローチにおいては、問題解決のための援助目標の共有化が図られ、援助の一貫性が保たれていく。さらには、1人の専門職に負担が偏ることなく、援助の分散がなされることで、それぞれが役割に沿った専門性を発揮することができる。

(3) ネットワーク

ネットワークとは

　ネットワーク（network）は、生活をするなかで一人ひとりが関係をもつ人間関係や社会関係などを示す用語として使用されている。私たちが生活するうえにおいては、福祉サービスの利用の有無を問わず、さまざまな関係やそのつながりのなかで生活しており、その関係なくしては生活することは不可能である。特に保育を含めた福祉サービスでの援助を行うなかで、利用者等とつながりのある人や物的環境、組織や社会環境など、存在しているつながりすべてを対象として、その利用者等にとって利用が可能なものを積極的に活用し、有効に関係を結ぶことが求められる。また、社会資源との関係を生きた関係としてつなぎ、作り上げていく活動を「ネットワーキング」（networking）という。

ネットワークの種類

　社会資源やネットワークを整理するとき、大別してフォーマル（公的）なつながりとインフォーマル（非公的）なつながりに整理することができる。
　子どもや保護者に関連する具体的なフォーマルなネットワークとしては、児童福祉法やその他の法令・行政を根拠とした、公的施設（保育所や児童福祉施設、学校など）で行われる施策・事業や、地域での民生・児童委員や保健師等の活動として実施される福祉・保育サービスなどがあげられる。イン

フォーマルなネットワークとしては、地域住民などのネットワークや民間活動（サークル活動やボランティア活動など）があげられる。福祉活動では、これらのフォーマル・インフォーマルなネットワークや社会資源を有効的に活用し援助を進めていくのである。

そして、これらのフォーマル・インフォーマルな援助のネットワークの総体を「ソーシャル・サポート・ネットワーク」という。

(4) 地域におけるソーシャル・サポート・ネットワークの実践

現在、わが国で子どもや家庭を対象として行われるソーシャル・サポート・ネットワークの事例の1つに、保育所などにおける子育て支援活動があげられる。子育て支援活動は、実施形態や参加者のニーズによりフォーマル・インフォーマルな活動が組み合わされ行われることも多い。そして、子育て支援活動のなかでも特に地域子育て支援センターが活発である。

地域子育て支援センターとは、地域における子育て支援の基盤形成を目的に1993（平成5）年に国の事業として創設されたものである。現在では地域子育て支援拠点事業として位置づけられている。これは「保育を必要とする子ども」として保育所を利用している子どもや保護者のみを対象とするのではなく、地域内で子どもを育てる保護者への相談活動や子育てサークルなどの育成支援を行っている。具体的には、育児不安等についての相談指導、地域の子育てサークル等への育成・支援、地域の保育需要に応じた保育サービスの積極的実施・普及促進の努力、ベビーシッターなど地域の保育資源の情報提供、家庭的保育を行う者への支援などを行っている。また、それぞれの地域子育て支援センターごとに独自の事業を実施している拠点も多く、例として、保育所の園庭開放や施設開放、親子でのふれあい広場や青空保育、食育活動の実施などの事業を行っている。

これらの地域子育て支援センターでの事業に参加することにより、子育て中の保護者間の出会いやネットワークが広がる機会も多く、また地域にある身近な保育所等が地域の中核となり、子育てに関するさまざまな情報を発信・提供するなど、地域における子育ての重要な社会資源として活動を広げている。さらに、地域子育て支援センターなどで形成された親同士が独自に集まり活動を開始する場合や、保育所や児童館などの施設等においてさまざまなボランティアサークル等による民間（インフォーマル）活動などが行われる機会も増えてきている。

この地域子育て支援センターは、行政の施策として公的（フォーマル）に

実施されているが、そのフォーマルなネットワークを拡大し、地域の民間の活動を含めたインフォーマルな活動も取り入れて実施しているものもある。このようにフォーマル・インフォーマルな事業・活動等を明確に区分することは難しく、これらのフォーマルな事業やインフォーマルな活動等を含めてソーシャル・サポート・ネットワークの役割を担っている。

さらにネットワークをとおして、日常の子育て不安やストレスに対応することで虐待防止活動につながったり、必要なサポートを受けられるきっかけにもつながり、子育てや子どもの育ちをひとりで抱える"孤育て""孤育ち"ではなく、社会として子育てや子どもの育ちを支える"社会的子育て""社会的子育ち"へと展開することも期待される。

これらの社会資源の活用には、地域のなかに存在するネットワークやプログラムを把握することが必要で、保育士がフォーマル・インフォーマルな社会資源の活用を有効に進めるには、子どもと保護者をネットワークの中心に置いた視点を確立し、社会資源の把握と情報収集を行うことが求められる。

【初出一覧】
- 第1節　小口将典　特例教科科目指導書『相談援助』第4章「保育　相談支援の基本」2014年
- 第2節　中西遍彦「相談援助の過程2（援助計画）」前田敏雄監　佐藤伸隆・中西遍彦編『演習・保育と相談援助（第2版）』みらい　2014年　pp.133－136
- 第3節　櫻井奈津子「相談援助者になるために4（記録）」前田敏雄監　佐藤伸隆・中西遍彦編『演習・保育と相談援助（第2版）』みらい　2014年　pp.93・94／98－101
- 第4節　吉岡洋子「相談援助の過程3（実施、評価）」前田敏雄監　佐藤伸隆・中西遍彦編『演習・保育と相談援助（第2版）』みらい　2014年　pp.141－144
- 第5節　佐藤ちひろ「相談援助の過程と連携」前田敏雄監　佐藤伸隆・中西遍彦編『演習・保育と相談援助（第2版）』みらい　2014年　pp.50－55

【参考文献】
ソーシャルワーク演習教材開発研究会編『ソーシャルワーク演習ワークブック（第2版）』みらい　2013年
副田あけみ・小嶋章吾編著『ソーシャルワーク記録―理論と技法―』誠信書房　2006年
櫻井奈津子編著『子どもと社会の未来を拓く　社会的養護の実践―保育士のための演習ワークブック―』青踏社　2011年
社会福祉士養成講座編集委員会編『新・社会福祉士養成講座7　相談援助の理論と方法Ⅰ』中央法規出版　2009年
空閑浩人編『ソーシャルワーク入門―相談援助の基盤と専門職―』ミネルヴァ書房　2009年

第5章 保育士の行う子育て支援の実際

1 保育所において特別な対応を要する家庭への支援

事例：発達障害が疑われる園児とその母親への支援

■主な登場人物のプロフィール

母親（32歳）：父親（34歳）、Ｃちゃん（6歳）、妹（3歳）の4人家族。自宅近くの工場で10：00～15：00のパート勤務。子どもたちのことを大切にして、明るい性格であるが、Ｃちゃんの養育に関して不安がある。

父親（34歳）：サラリーマンで、平日は帰宅時間が遅い。子どもたちのことは気になっているが、仕事中心の生活である。

Ｃちゃん（男児、6歳）：Ａ保育園年長児。保健所での3歳児検診で、言葉の遅れと発達障害の疑いがあることを告げられた。

妹（3歳）：両親、Ｃちゃんにとてもなついているが、Ｃちゃんがパニックになった際には、たたかれるときもある。

Ｂ保育士（24歳）：短大の保育科を卒業後、現在の保育園に就職した。これまで年少児クラスの担任を続けてきて、今回はじめての年長児クラスの担任となる。

Ｄ保育士（35歳）：Ａ保育園の主任保育士として、勤務している。子どものケア会議では、スーパーバイザーとして指導を行う。

■事例の経緯

　Ａ保育園で年長児を担当するＢ保育士は、クラスのＣちゃん（男児）のこだわり行動が強いことが気になっていた。また、言語コミュニケーションの遅れもあり、自分の思っていることを表現できないことも目立ち、最近は自分の思うようにならないときは、パニックを起こして自分の髪の毛を強く引き抜くような行為もみられるようになった。当初、パニックになったＣちゃ

んに対しては、B保育士がCちゃんに個別保育を行う時間を設けて対応を行ったが、徐々に激しいパニックを起こすようになった。心配になったB保育士はCちゃんの母親に連絡をとり、都合のよい日時に面接を行いたいことを伝えた。母親からは、○曜日の午後が都合がよいとの返事があった。

■事前準備（アセスメント）

B保育士は、Cちゃんの母親との面接の前に、Cちゃんの入園後の保育記録を読み、これまでの変化について確認をする。その際に、Cちゃんが3歳児検診時に発達障害の疑いがあり、専門機関での受診を勧められていることがわかった。また、D保育士から、必要なアドバイスを受けて面接時に母親に伝える内容と質問する事柄についてまとめておいた。

■インテークの状況

約束していた日時に遅れることなく、母親は保育園の相談室を訪れた。やや緊張した表情が感じられる。相談室には、B保育士とD保育士も同席している。

B保育士：「お母さん、今日はお忙しい中、お時間を取っていただきまして、ありがとうございます」

母親：「こちらこそ、Cが色々とご迷惑をかけています。最近、Cのことがとても不安です。自宅でも、思いどおりにならなければ、パニックを起こして、妹をたたくときもあるんです。そんなときは、きつく注意をしますが、Cはわかっていないようです」

B保育士：「そうですか。それは、お母さんにとって、とても気になることですね。以前は、どうでしたか？」

母親：「これまでも、家では思いどおりにならないときは、大きな声をあげたりしていましたが人をたたくようなことはありませんでした。保育園でも、他の子どもさんをたたいたりしたのでしょうか…」

B保育士：「いいえ、保育園では他の子どもをたたくようなことはありませんが、やはり、自分の思いどおりにならないときは、自分の髪の毛を引き抜くようなことがあります」

母親：「そうですか。暴力はふるっていないので安心しましたが、これからが心配です」

B保育士：「＿＿＿＿＿＿＿＿＿＿＿」※ワーク1

母親：「Cの最近の様子から、このような子どもの接し方や育て方について、

どなたかに相談をしたいのですが、どうすればよいのでしょうか」
B保育士：「お母さんのお気持ちは、よくわかります。Cちゃんのことを、本当に可愛く思っておられるのですね。当園もお母さんのお気持ちと同じです。それでは、Cちゃんのような子どもに対して、専門的な見地から相談に乗っていただける機関や団体がありますので、ご紹介いたします」
　（ここで、B保育士は利用できそうな社会資源を説明し、母親に専門機関での相談を勧める）※ワーク2
母親：「そうですか。お話を聞いてくれるところがあるのですね。主人には、ときどき、Cのことを話しているのですが、"仕事が忙しいから、お前に任せる"と言うばかりです。そんなところがあれば、とても、頼りになりそうです。近いうちにお伺いしてみます。本日は、ありがとうございました。これからも、よろしくお願いします」
B保育士：「こちらこそ、ありがとうございました。これからもCちゃんの成長をご両親と一緒に見守りたいと思います。本日は、いろいろとお話しいただきありがとうございました」

　2週間後に母親から連絡があり、再度の面接を希望する。○曜日の午後に、B保育士とD保育士で面接を行う。

母親：「お忙しいなかを、お時間をとっていただきまして、ありがとうございます」
B保育士：「いいえ、そんなことはないですよ。いつでもお母さんのお力になりますから、遠慮なさらないでください。<u>その後、どちらかに相談に行かれましたか？</u>」※ワーク3
母親：「はい、前回の面接の後、3歳のときに検診に行った保健所に行きました。そこで、そのときにお話しした保健師さんが対応をしていただけました。最近のCの様子についてお話ししましたら、専門機関での療育を勧められましたので、次の日に児童相談所に伺いました。そこでは、Cのような子どもの療育にとても詳しい先生がおられました。その先生から、週に1回、療育センターへの通所をして、言語療法と個別指導を受けることを勧められました」
D保育士：「そうですか。お母さん、いろいろと訪問されて大変でしたね。でも、Cちゃんにとってよい指導と訓練が受けられることになってよかったですね。週に1回の通所でしたら、こちらもそのように対応をさせていただきます。また、必要に応じて、療育センターとの連絡をとらせていた

だきましょうか」
母親：「ぜひ、お願いします。私だけでは、Cのことがわからないこともあるので、先生方からも連絡をしていただければ心強いです。また、今回のことで、主人といろいろと相談をしまして、できるだけ育児にも協力をしてくれると言っています」
D保育士：「それは、よかったですね。お父さんも、Cちゃんのために協力をしていただけるのですね。園も、できる限りのことをしますので、一緒にCちゃんを見守っていきましょう」
母親：「こちらこそ、よろしくお願いします。それでは、今日は、これで失礼をいたします」

　この後、B保育士、D保育士の支援は、Cちゃんの保育園、療育センターでの状況を保護者と共有（モニタリング）しつつ、適時面接を繰り返して、小学校入学まで継続することになる。

ワーク1　ここでのB保育士として適切な会話内容を考えてみましょう。

（ポイント）
　インテーク（初回面接）時は、相談者（クライエント）の不安や戸惑いの気持ちに十分な配慮を行う必要がある。話しやすい雰囲気を設定し、傾聴、受容、共感をクライエントに伝えることが大切である。また、インテークの前に必要な準備（アセスメント）としては、どのようなことが必要であるか気づくことが大切である。この事例では、事前のアセスメントとして関係機関からの情報、入園時からこれまでの経過記録を精読することが重要である。
　この場面での対応としてはコミュニケーション技術で表せる受容と共感の感情を表現することが大切である。

ワーク2　この事例のような子どもに対する相談機関について、どのような機関があるかを調べてみましょう。

（ポイント）
　発達障害の疑いがある場合の相談支援機関としては、フォーマルな機関（公的機関）とインフォーマルな組織・団体（当事者組織やNPOなどの民間支援組織など）があげられる。地域によってさまざまな機関・団体が存在するので、事前に地域の社会資源について調べておくことが必要である。また、

第5章　保育士の行う子育て支援の実際

Cちゃんの母親の場合、まず、どのような機関・組織・団体に相談することを勧めるのがよいかを併せて考える。

ワーク3　B保育士は、専門機関を紹介し、そこでの相談をCちゃんの母親に勧めましたが、下線の言動から考え、B保育士が支援を進めるうえでどのような対応が必要だったのかを考えてみましょう。

(ポイント)
　子育て支援の機能のひとつとして、他の専門機関等との連携がある。Cちゃんの母親のように自ら進んで紹介された機関へ相談に出向けばよいが、必ずしもそのような保護者ばかりではない。そのようなケースも考えてB保育士はインテークの面接の後に何をしなければならなかったのかを考えてみる。

2　児童養護施設等要保護児童の家庭に対する支援

事例：児童養護施設に入所した子どもの母親への支援

■主な登場人物のプロフィール
E保育士（25歳）：児童養護施設の保育士。大学卒業後、3年間勤務している。
F君（男児、12歳）：現在の児童養護施設に入所して5年間が経過している。入所当初は不安定さが目立ったが、最近は落ち着いて生活できている。
F君の母親（34歳）：離婚後、F君と2人で生活していたが、夜間に出かけることが多くなり、その結果、ネグレクト（養育放棄）と判断されたが、本人は納得していない。
G主任保育士（38歳）：F保育士の上司として、児童養護施設に勤務している。

■事例の経緯
　E保育士は、小舎制の児童養護施設で勤務し3年が経過した。担当しているF君は、7歳まで母親と自宅で生活していたが、母親は夜になるとF君を19時過ぎには布団に入れて寝かせて、その後外出する日々が続いていた。夜

中に目覚めたF君は、一人でパジャマ姿のまま自宅近所のコンビニ付近を徘徊することが多く、何度か警察に保護もされ、その結果、児童相談所の決定で現在の児童養護施設への入所となった。

施設での生活は、当初、不安な表情を見せることもあったが、徐々に慣れてきて、年齢の近い子どもたちとの交流も深まっていった。しかし、就寝時間を過ぎても眠れない日が多く、23時頃に職員室に来て、暴力的な言葉や態度をとり、また、学校生活でも落ち着かなく、興味がない授業の途中で施設に無断で戻ってしまうこともある。母親に対しては「早く、お母さんと一緒に暮らしたい」と話す。

母親は、毎月のF君との面接はやってくるが、F君に対して命令口調で接することが多い。一方で施設から求められる保護者面接、家庭訪問等には自己都合などでキャンセルすることが多いが、F君を引き取りたいとの希望を施設、児童相談所に対して申し込んでいる。

以下は、中学校入学を前にして訪問してきた母親とE保育士、G主任保育士との面接である。

E保育士：「お母さん、最近のF君は、友だちとの関係も深まり、学校、施設のどちらも充実した日々を過ごしています。特に、理科の勉強で昆虫の生態についてとても関心をもっています」

母親：「そうですか。さっきのFとの話のなかでも、昆虫の話がありました。身体も大きくなり、新しい服を買ってあげなければと思いました」

E保育士：「そうですね。もうすぐ、中学生になりますし、日々、成長していますからね。ところで、お母さんはF君を自宅に戻されたいと施設長にお話をされたそうですが…」

母親：「ええ。Fと離されて、もう5年になります。私は、今でもFに虐待を行ったとは思っていません。なぜ、Fを施設に入れられたのかが、今もわからないのです。早く引き取りたいと願っています」

G主任：「F君は、お昼間は落ちついた時間を過ごせますが、深夜になると不安定になり、暴言や暴力的な態度がみられます。もし、お家に帰っても、深夜に心配な状況になるのではないかと私たちは思っています」

母親：「家では、絶対にそんなことはないです。先生方のFに対する見方が間違っているのです。私は、Fが中学生になっても、いつまでも私のほうが上であることはわからせていたいと思います」

G主任：「＿＿＿＿＿＿＿＿」※ワーク1

ワーク1 ここでのG主任保育士の対応として、どのような会話の内容が最善かを考えてみましょう。

（ポイント）

ネグレクト等の児童虐待に陥っている保護者のなかには、自らの行為が児童虐待に該当していないと思っていることも多くみられる。そのような保護者に対して、頭ごなしに児童虐待を認めさせることは、逆に相談支援者に対する批判感情だけを増長させることにもなる。そのときの面接ですべてを解決するのではなく、面接を重ねて信頼関係を築いていくことが必要となる。第3章のソーシャルワークの原則であるバイステックの7つの原則をふりかえりながら適切な会話を考える。

ワーク2 F君が母親のもとで一緒に暮らすために、今後どのような支援が必要かを考えてみよう。

（ポイント）

短期的な目標と中長期的な目標を立てて考えてみる。また、誰の気持ちや意向を優先させるのか。母親なのか、F君なのか、それとも支援者がこの親子の将来のことを思い適切と思ったことなのか。この際に、子どもの権利や保護者の義務、専門職の倫理などもふりかえって確認し、支援の方針を検討してみよう。

3 障害児施設における家庭への支援

事例：児童発達支援センターに通所する子どもの母親への支援

■主な登場人物のプロフィール

Hちゃん（男児、5歳）：中度の脳性まひと軽度の知的障害、心臓疾患がある。家族は、母（43歳）、父（48歳）、姉（8歳）の4人家族である。

I保育士（40歳）：児童発達支援センター（旧体系の肢体不自由児通園施設も合わせて）に20年間勤務している。

■**事例の経緯**

　児童発達支援センター（旧・肢体不自由児通園施設）に通園するHちゃん（男児）は、出産直後に脳性まひとわかり軽度の知的障害と心臓疾患もある。家族は、母親、父親、姉の4人家族である。両親はHちゃんを可愛がっているが、これまでも、心臓疾患による数回の入院を繰り返し、最近のHちゃんの体力低下を心配している。また、自分たちの年齢とHちゃんの今後の世話について不安を感じている。施設のI保育士は、この施設で20年間勤務している。登園や退園時に母親との会話の機会をできるだけつくり、Hちゃんの療育に対する気持ちを聞くようにしている。しかし、先日の保護者研修会で障害者支援施設の見学会に行った際に、重度の施設入所者の状況を見て、Hちゃんの将来に対する強い不安を感じるようになった。それは、両親がどこまでHちゃんの面倒をみることができ、それができなくなった場合のことである。そんなある日の退園時に、母親が話しかけてきた。

母親：「I先生、今日もお世話になりました」
I保育士：「お母さん、Hちゃんは今日も楽しく過ごしていましたよ」
母親：「そうですか。今のHのままで大きくならなければいいのですが…」
I保育士：「お母さん、どうされましたか。何か心配事があるのでしょうか」
母親：「心配というか、不安というか…　先日の研修会で、大人の方たちの施設に見学に行きました。そこで、将来のHの姿を見たようで…」
I保育士「そうですか。_____」※ワーク1
母親：「この先、私たちがHの面倒をみられなくなったときに、どうすればいいのでしょうか。長女には、Hのことで負担をかけたくはないので…」
I保育士：「お母さんのご不安は、本当によくわかりますよ。これまで、私が担当した子どもたちの多くの保護者の方たちが、お母さんと同じような不安をおもちでした」
母親：「そうですか…　みなさんは、そんなとき、どうされていたのでしょうか？」
I保育士：「_____」※ワーク2

ワーク1　この場面で、I保育士の態度、会話内容として適切なものを考えてみよう。

第5章 保育士の行う子育て支援の実際

（ポイント）

母親の不安を受け止め、共感する適切な態度、会話は多様な対応が考えられるが、それらに共通することは、母親に対して「安心感」と「信頼感」を与えるような会話内容を考えてみる。

また、障害のある子どもを養育する保護者の気持ちの変化に対しては、特別の配慮が必要である。保護者の障害受容過程としては、上田敏が『障害の受容とはあきらめでも居直りでもなく、障害に対する価値観（感）の転換である』として、次の段階をあげている[1]。

①ショック期：障害の発生（発病・受傷）の直後である。この時期には不安、それほど強くない。

②否認期：身体的状態が安定するとともに生物学的な保護反応は消え、障害がそう簡単に治らないらしいことが徐々に理解される時期である。心理的な防衛反応としての疾病・障害の否認が生じる。

③混乱期：圧倒的な現実に対して、有効に否認しきることができず、障害が完治することの不可能性を否定しきれなくなった結果、起こってくる時期である。すべてを他人の責任にし、怒り、うらみの感情をぶつける。内向的・自罰的な形で現れると、今度は自分を責め、すべては自分が悪いのだと考え悲嘆にくれ、また抑うつ的になり、ひどい混乱の場合は自殺企図もみられるので、細心の注意を要する。

④解決への努力期：前向きの建設的な努力が主になる時期である。依存からの脱却もみられる。

⑤受容期：やがて価値の転換が完成し、障害を受容する気持ちが定着する。

保護者の精神的な状況に対して、適切な理解と対応が必要であるが、自らの言動が日々の保育場面における他者とのコミュニケーション場面において、周囲にどのような印象を与えているかを確認することも参考になるであろう。できれば、いろんな場面を想定して、対応方法を考えてほしい。

ワーク2 この場面で、I保育士の適切な返答としてはどのような内容が考えられるでしょうか。

（ポイント）

ここでの会話は、他の保護者がどのように今自分が感じている不安に対処したのかを知りたいのであるから、そのニーズに応える必要がある。障害のある子どもを育てている保護者はさまざまな不安な感情と対峙することになり、そのような心理状態を十分に理解した情報提供が不可欠である。

4　母子生活支援施設での支援

事例：DV被害に遭った母親と子どもへの支援

■主な登場人物のプロフィール

Jさん（32歳）：Kちゃん（男児、5歳）の母親。父親（33歳）からの暴力が酷く、現在はKちゃんと母子生活支援施設に居住している。
L保育士（28歳）：大学卒業後、母子生活支援施設に就職し、6年目となる。
M母子支援員（41歳）：20年間、母子生活支援施設に勤務している。

■事例の経緯

　半年前から母子生活支援施設に入所している母親のJさんとKちゃん（男児）は、父親の暴力が酷くなったために民間のシェルターを通じて避難をしてきた。Jさん夫婦は、結婚当初は特に問題なく生活をしていたが、Kちゃんが生まれた後に父親の勤務先が倒産したために転職をした。慣れない仕事のために、父親は毎日帰宅後に大量の飲酒をしては不満をJさんにぶつけていた。それが、徐々に酷くなり、Kちゃんに対しても手をあげようとするときもあったので、父親が不在のときに身のまわりの物だけを持ち出して、Kちゃんとシェルターに逃げ込んだ。数日後、シェルターの紹介で市外の母子生活支援施設に入所した。父親は2人の行方を捜して、友人や知人に聞きまわっているために、現在は誰とも連絡をとっていない。施設入所時のKちゃんは怯えて不安そうな表情を見せていたが、最近は、L保育士に甘えてくることも多い。避難直後に所持していた現金はなくなったために、現在は生活保護を受給している。Jさんから、今後の生活のことで相談をしたいとの要望があり、M母子支援員と一緒に相談を行うことになった。

Jさん：「お時間を取っていただきまして、ありがとうございます」
L保育士：「いえいえ、JさんもKちゃんもここでの生活にも慣れましたでしょうか？」
Jさん：「はい、ここに来たころは不安でいっぱいでしたが、最近はKとの今後の生活についても考えられるようになりました」
L保育士：「それはよかったですね。Kちゃんも笑顔が見られるようになり、園庭でお友達と遊ぶ姿がよく見られますね」
Jさん：「はい、Kが落ち着いてくれて、本当にうれしく思っています。そ

れで、今日お時間をとっていただいたのは、ここを出てからの生活をどのようにすればいいのか悩んでいます。私は結婚まで働いた経験もないので、これからどのようにして生活をすればいいのか…」

M母子支援員：「そうですよね。Jさんのご心配されることも当然ですね。お仕事や生活に関するご相談なら、私たちと福祉事務所のケースワーカーが一緒に相談をお受けすることができます」※ワーク1

Jさん「そうですか。相談ができるところがあるのですね」

ワーク1　ここでは、支援者として母子支援員と福祉事務所の生活保護担当のケースワーカーがJさんの自立に支援をすることになりますが、ほかにどのような社会資源があり、どのような支援が必要となるか考えてみましょう。また、このとき保育士はどのような支援を担うか考えてみましょう。

（ポイント）

　近年、母子生活支援施設を利用する母子は、DV（Domestic Violence：同居関係にある配偶者や内縁関係の間で起こる家庭内暴力）の被害者が多くなってきている。2001（平成13）年より「配偶者からの暴力の防止及び被害者の保護等に関する法律」（DV防止法）が施行されているが、警察庁の発表では相談件数は年々増加している。

　DV被害者の支援においては、心理的、就労・経済的支援のほか、安全の確保など、さまざまな機関がかかわることになるので、それら社会資源の役割を把握し理解することが大切である。そのうえで保育士は、自立支援のどの部分の役割を担い、母親と子どもにどのような視点で支援すればよいのかを考える。

【初出一覧】

■佐々木勝一　特例教科科目指導書『相談援助』第6章「児童福祉施設における保育相談支援」2014年

【引用文献】

1）上田敏「障害の受容—その本質と諸段階について」『総合リハビリテーション』8－7　医学書院　1980年　pp.515－521

索　引

【あ行】

アセスメント　72
一時預かり事業　24
インターベンション　72・83
インテーク　71
インフォーマルなネットワーク　88
エコマップ　79
エバリュエーション　72・85
エンゼルプラン　17
園庭開放　58
オグバーン　10

【か行】

核家族　8
拡大家族　8
家族　8
家庭　10
カンファレンス　77
記録　78
結婚観　12
健全育成　24
子育て援助活動支援事業　24
子育て支援　30・32
子育て短期支援事業　24
子ども・子育て支援新制度　19
子ども・子育てビジョン　18
子ども虐待　61
こんにちは赤ちゃん事業　22

【さ行】

ジェノグラム　79
支援計画　72・74
支援の実施　72・83
支援の展開過程　71
支援目標　76
自己決定　42
事後評価　72・85
事前評価　72
実践記録　79
児童館　25

児童虐待　61
児童虐待の防止等に関する法律　61
児童厚生施設　25
児童手当　27
児童福祉法　14
児童遊園　25
社会資源　19
社会的養護　26
終結　72
受容　34・42
受理面接　71
障害児支援　65
障害児福祉　65
少子化対策　17
叙述体　81
身体的虐待　61
信頼関係　41
スーパービジョン　78
ストレングス　39
性的虐待　61
性別役割分業意識　13
世帯　8
説明体　81
全国保育士会倫理綱領　16・30
相談援助　38
ソーシャル・サポート・ネットワーク　89
ソーシャルワーカーの倫理綱領　44
ソーシャルワーク　38
ソーシャルワークの原則　41

【た行】

ターミネーション　72
地域　52
地域子育て支援拠点事業　22
地域組織活動　26
地域との連携・協働　35
チームアプローチ　88
中間評価　72・85
直系家族　8

【な行】

乳児家庭全戸訪問事業　22
妊婦健康診査　22
ネグレクト　61
ネットワーキング　88
ネットワーク　88

【は行】

バイステック　41
発達障害　67
発達障害者支援センター　69
発達障害者支援法　66
PDCAサイクル　84
秘密保持　42
病児保育事業　24
ファミリー・サポート・センター事業　24
ファミリーソーシャルワーク　79
フォーマルなネットワーク　88
複合家族　8
プランニング　72
保育士　14
保育指導　30
保育者の専門性　37
保育所の役割　58
保育所保育　35
保育所保育指針　15
放課後子ども総合プラン　25
放課後児童クラブ　25
放課後児童健全育成事業　25
母子保健　26

【ま行】

ママ友　51
マルトリートメント　61
モニタリング　72・85

【や行】

養育支援訪問事業　22
養護　35
要約体　81
連携　86
連絡帳　47

【ら行】

ラポール　41
離婚観　13
利用者支援事業　22

保育士資格取得
特例教科目テキストシリーズ
子ども家庭支援論

2019年3月10日　初版第1刷発行
2023年8月1日　初版第4刷発行

編　　集	「子ども家庭支援論」編集委員会
発 行 者	竹鼻　均之
発 行 所	株式会社 みらい

〒500-8137　岐阜市東興町40　第5澤田ビル
TEL　058-247-1227(代)
FAX　058-247-1218
https://www.mirai-inc.jp/

印刷・製本　　サンメッセ株式会社

ISBN978-4-86015-483-7 C3036
Printed in Japan　　　乱丁本・落丁本はお取り替え致します。